なぜ日本の当たり前に世界は熱狂するのか

茂木健一郎

角川新書

はじめに――「礼賛」でも「自虐」でもない日本論

イギリスに留学したことがある。三十二歳のときだ。

当時、博士研究員だったぼくは、国際奨学金（中曽根康弘さんが首相当時に提唱した、ヒューマンフロンティアサイエンスプログラム）の募集に受かり、学びの場を日本からイギリスのケンブリッジ大学に移した。イギリスといえば、かつて、白洲《しらす》次郎や夏目漱石など錚々《そうそう》たる知識人たちが留学を果たした憧れの地である。それもあってか、生肌で感じる欧風文化にはかなり魅了された。そしてじつのところ、帰国したあとは「やっぱりイギリスだよね」と典型的な海外かぶれになっていた。なぜなら、当時はイギリスが日本よりも上にあると思っていたから。日本よりもカッコいい欧風文化に触れ、日本よりも進んでいるライフスタイルに身を置くことが、ぼくにとっては何よりも誇らしかったのである。

スタンダードを外国に求める国、日本。この自覚がある日本人は、現在どのくらいいるのだろう。日本は明治維新による近代化で大きく変わった国だ。開国後、西欧との力の差を痛感した日本は、専門家を大量に派遣し、西欧の制度を導入することで国家形成を進めてきた。第二次世界大戦後も同じだ。負けを知りつつも日米開戦へと進み、予想どおりの大敗を喫したあとは、アメリカナイゼーションが津波のように押し寄せた。高度成長を遂げて先進国の仲間入りを果たしても、そうした歴史があるからか、「日本は西欧よりも劣っている」という認識のもと、スタンダードをつねに外国に求めつづけている。

明治維新から約百五十年、戦後からは約七十年経ったいま、そうした状況が少しずつ変化しつつある。

「脱近代」。ひどく曖昧な言葉だ。脱近代とは、具体的にはどんなことを指すのだろう。「英語が話せないといけない」「世界と対等にならないといけない」というグローバル化への対応をやめること？「だから日本はダメなんだ」と、間違いを一つひとつ指摘すること？それとも「クールジャパン」の魅力を再確認して、「やっぱり日本はスゴイんだ」と自画自賛することだろうか？　多種多様な思想の渦のなかで、ぼくたちは間違いなく、自国に対する評価の過渡期に立たされている。そうした状況こそが、外圧によって取り入れられた近代化という「箱」が、日本人に合わなくなってきていることの表れだといえるだろう。

かつて、養老孟司《たけし》さんが『バカの壁』（新潮新書）という本を書いた。それを読んでぼくは、なぜ養老さんはこの本を書いたのだろうと思った。「論文は英語で書かないとダメだ」といわれたり、言葉の本質が無視されたまま、ただ「個性」が大事だといわれたり。外国と比較して「なんとなく、そうしたほうがいい」という風潮にがんじがらめになった社会。オーストラリアに留学した経験がある養老さんは、帰国後、東京大学で教鞭をとられていたが、どこか日本に対して生きづらさを感じられていたのではないか。がんじがらめの世の中への批判や、本質的なコミュニケーションの必要性を訴えるために、この本は書かれたのではないか、と想像したのである。

その一方で近ごろ強く感じるのは、いまの若い人たちには「海外にスタンダードがある」という感覚がないことだ。バブルを経験した世代特有の浮《うわ》ついた感じや、不良がカッコいいといった価値観をもたないから、どこかしら地に足がついた印象を受ける。たとえばテクノロジーの分野で有名になった筑波大学准教授の落合陽一さんや、ＳＨＯＷＲＯＯＭ社長の前田裕二さん。もう少し上の世代だと、評論家の荻上《おぎうえ》チキさん。インターネットとともに育った彼らのような世代は、ぼくのようなおじさん世代よりも外国を身近に感じているだろうし、極めてフラットな目線で「グローバル化」と向き合うことができる。彼らの世代はある種の日本のターニングポイントといってよいだろう。

どうやらぼくたちは、行きすぎた「日本ダメ」論、あるいは「日本スゴイ」論の間違いに気づかなければいけないらしい。日本と外国をフラットに均《なら》した場所から、リスタートしなければならないのだ。

留学から二十年以上が経ったが、そのあいだに何度もイギリスを訪れた。そのなかで、イギリスにおける日本のプレゼンスが大きく変わってきたのを間近で感じてきた。たとえば、現在でこそ世界の人気コンテンツである漫画やアニメだが、当時は一部の〝オタク〟しかその存在を知らなかった。それがいまはどうだろう。ドラゴンボールにナルトにキャプテン翼、マリオ、キティちゃんからポケモンまで……知らない人がいないくらいにいつも話題になっている。もちろんポップカルチャーの分野だけではない。「わび・さび」の美意識や禅の精神性、「真面目」「こだわり」「おまかせ」など、日本人にとっては当たり前の概念に外国人が熱狂しているのだ。

日本では当たり前のそうした概念が、なぜこれほどまでに世界でバズるのだろう。そんなぼくたちの当たり前は、いつ、どこで生まれたのだろう。そしてぼくたちはなぜ、それらがバズるまで「海外でウケるかも」という視点をもてなかったのだろう。本書ではぼくの個人的な経験を問題意識にして日本の歴史を繙《ひもと》きながら、世界に求められる日本の「当たり前」

について考えた。それを考えることはすなわち、日本人の本質について問いかけることにほかならない。

とはいっても、何も堅苦しいことはない。それを知れば知るほど、ぼくたちはもっと肩の力を抜いて、等身大の姿のままで世界と渡り合えることを理解できるはずだ。

本書の記述を進めるなかでは、いくつもの書物やさまざまな意見を参考にさせていただいた。読者の方が本書を読み終えたとき、日本について、あるいは日本人の意識されざる思考・価値観の根幹についての新たな発見に気づいていただけるようなことがあるなら、これ以上に嬉しいことはない。

目次

第4章　「村化する世界」で輝きを放つ「和の精神」　127

第1章

なぜ「真面目」や「こだわり」がバズるのか

世界中に拡散された日本代表のロッカールーム

二〇一八年六～七月にかけて行なわれた、サッカーFIFAワールドカップ・ロシア大会。前評判が芳《かんば》しくないなかで健闘した日本代表の戦いぶりはもちろん、彼らの〝ロッカー清掃騒動〟を覚えている方も多いのではないだろうか。

きっかけは、FIFA（国際サッカー連盟）の運営スタッフであるオランダ人女性のツイートだった。決勝トーナメント初戦で優勝候補ベルギーに逆転負けを喫してワールドカップを終えた日本が、ロッカールームを清掃して帰ったことに驚き、その様子をツイッターにアップしたのである。

「日本はすべてのチームの模範だと思います」

そのツイートとともに、綺麗に清掃されたロッカールームの画像が添付された。画像をよく見ると、テーブルの上にロシア語で「ありがとう」と書かれたメモがある。これもまた、日本代表が去り際に残していったものだという。

このツイートは瞬く間に世界中に拡散され、多くの人々が反応した。「日本には品格がある」「真の試合勝者だ」「試合に敗れた直後でも、自分たちの価値観を忘れなかった」。反応のほとんどが称賛の声だった。イギリスのサッカー専門誌『Four Four Two』が、このワールドカップの「10大名場面」の一つに選んだほどである。

もちろん、この出来事は日本でも大々的に報道されたし、ツイッターで見かけた方も多いだろう。ぼくもツイッターで目にしたとき、素晴らしいと思った。しかしそれと同時に、海外の絶賛ぶりに少し驚きもした。

ワールドカップに限らず、海外のスポーツの現場では、ロッカールームが荒れているのは日常茶飯事なのだという。とりわけ負け戦のあととなれば、椅子が蹴散らされていたり、壁が殴られてへこんでいたりすることも珍しくないだろう。

よくも悪くもそうした光景は海外では見慣れたものなので、清掃スタッフはいちいち文句もいわずに黙々と掃除をする。だからこそ、日本代表の行動には余計に驚かされたのだろう。

このニュースでぼくが感じたのは、日本で当たり前とされているような価値観が、世界では想像以上に驚かれる、という事実である。もちろん、あのようにロッカールームを完璧なまでに磨き上げ、そのうえ「ありがとう」というメッセージまで残すというのは、死闘の末にベルギーに敗れた直後であるということを考えれば「お見事！」というよりほかはない。

しかし、「立つ鳥跡を濁さず」という諺《ことわざ》があるように、公共の場をクリーンに保つことは、日本ではごく当たり前の価値観である。仮に、日本でスポーツの世界大会が行なわれたとしよう。どこかの国がペットボトルを床に捨てる、椅子を蹴散らす、壁を殴るなどしてロッカールームを地獄絵図のように荒らして帰っていったとしたら、基本は、そんなものかと思って黙って掃除をするかもしれない。その一方で、もし綺麗に清掃して帰った国があっても、それほど大きなニュースにはならないのではないか。そもそもの根本的な価値観が世界とは真逆なのである。

日本人が「当たり前」と思っていることが、じつは海外では新鮮に受け止められることが往々にしてある。わかりやすい例でいえば、すでに世界的なコンテンツとなった「日本食」や「アニメ」などもそうだろう。

そうした人気の広がりとともに、「クールジャパン」と呼ばれる日本独自の文化・感性をぼくたち日本人自身も自覚はしてきたものの、まだまだ「これって当たり前のことじゃないの？」と感じることが数多く存在している。ワールドカップの〝ロッカー清掃騒動〟も、そうしたことの一つなのではないかと思うのだ。

なぜハーバード大学は新幹線の清掃を教えるのか

清掃といえば、新幹線の清掃もまた、世界で大きな話題になった。ご存じではない方のために、簡単に紹介しよう。

ＪＲ東京駅の新幹線のホームで、整列して待機する清掃スタッフを目にされたことはないだろうか。彼らこそ「ＪＲ東日本テクノハートＴＥＳＳＥＩ」、通称〝テッセイ〟と呼ばれる鉄道整備会社の車両清掃員である。彼らの仕事ぶりが話題となり、世界で絶賛されたのは記憶に新しい。

まず注目すべきは、その作業の完璧さだ。新幹線がホームに入る三分前に、一チーム二二人が五～六人ほどのグループに分かれ、ホーム際に待機する。新幹線が入ってくると、深々とお辞儀をして降りる乗客を出迎え、一人ひとりに「お疲れさまでした」と声をかける。乗客の降車が終わると、七分間の「魅せる清掃」がスタート。約一〇〇席ある一両を一人が担当する。

まずは約二五メートルの車両を突っ切り、床に落ちているゴミを回収する。座席の下や物入れに溜まったゴミもかき集めたら、床全体を拭き掃除。次に、座席の向きを進行方向に変え、一〇〇すべてのテーブルと窓ガラス、窓枠を拭き、窓のブラインドを上げる。座席カバーが汚れていたら交換し、忘れ物をチェックするのも欠かさない。さらにトイレも清掃し、最終確認をしたら終了。チームは再び整列し、ホームで待っている新たな乗客に「お待たせしました」と声をかけ、再度一礼して次の持ち場へ移動していく。

彼らのきびきびとした仕事ぶりは日本人が見てもじつに感心するものだが、外国人にとっては衝撃に近いものだったらしい。ユーチューブでは〝7-Minute Miracle／七分間の奇跡〟というタイトルで動画がアップされ、ドイツの国営テレビが取材に来たり、アメリカの運輸長官が視察に訪れたりと、各国から注目が集まった。ハーバード・ビジネススクールでは、テッセイの車両清掃の事例が必修科目で採用されている。「リーダーシップ」と「技術マネジメント」の特別カリキュラムとして扱われ、二人の教授が教鞭をとる稀有《けう》で貴重な授業だそうだ。

テッセイの車両清掃のいったい何が、外国人の琴線に触れたのだろうか。くだけた言い方をすれば、「掃除にそこまでやる!?」ということに尽きるだろう。

実際のところ、清掃には「報酬のわりにはたいへんな仕事」というイメージがある。とりわけ海外では、職業差別とまではいかないが、「もっとよい仕事につきたい」と不満を漏らす清掃作業員は少なくないという印象がある。日本においてもそうした意識がないとはいわないが、興味深いのは、清掃のようなたいへんな仕事、あるいは誰でもできそうな仕事のなかに、やりがいとプライドを生み出したということだ。

もちろんそこまでに至るのには、並大抵でない苦労があった。テッセイの成功劇を描いた『新幹線お掃除の天使たち』（遠藤功、あさ出版）を読めば、仕掛け人であるテッセイの専務取締役（当時）・矢部輝夫さんによる幾多ものトライ・アンド・エラーがあったことが窺《うかが》い知れる。矢部さんは、もともと鉄道の安全システムの専門家で、ＪＲ東日本東京支社に勤務していた。ある日突然、グループ会社であるテッセイへの異動が決まる。ＪＲ東日本社内でのテッセイの評判は芳しくはなく、清掃やサービスは自身にとって未知の分野でもあり、「あんなところへ行くのか……」という思いを抑えられなかったそうだ。

いざテッセイでの勤務が始まると、スタッフは与えられた仕事をきちんとこなし、非常に真面目だった。しかし見方を変えれば、それ以上のことはやらないし、求められもしない。職場にも活気があるとは言い難く、「自分たちはしょせん清掃員」という意識が蔓延《まんえん》しているように見えた。この状況を打破するために、矢部さんは、清掃だけでなくトータルサービスを提供するビジネスモデルに舵《かじ》を切ったのだ。

まず清掃業務に「おもてなし」の要素を取り入れ、これを遂行する「コメットスーパーバイザー」を編成した。乗客へのサポート、ならびに「礼に始まり礼に終わる」ことを徹底し、目に見えるかたちで清掃という業務に深みを与えたのである。それに加えて、正社員化や報奨制度の導入など、従業員のモチベーションを向上させるための仕組みをつくり上げ、それを徹底した。そうしたなかで、最初は冷めた目で見ていたスタッフたちの意識に少しずつ変化が生まれはじめた。

そこで実践したのが、ボトムアップの取り組みだ。見栄《みば》えの悪いバケツの持ち歩きを廃止する。トイレに流し方の多言語表示をする。夏はアロハシャツを制服にする。テッセイで実施されているこうした取り組みは、すべて従業員から発案されたものである。企業全体を底上げするには、ボトムアップを徹底すること。そのためには、先のようなやり方でスタッフたちのモチベーションを上げ、清掃への意識を変えていく必要があった。そうした継続のなかで「たかが清掃」が「新幹線劇場」と呼ばれるほどの高いパフォーマンスにまで至り、世界に注目されるまでになったのだ。

面白いもので、日本で大ベストセラーになった近藤麻理恵さんの『人生がときめく片づけの魔法』（サンマーク出版）もまた、週間書籍販売ランキングで一位をとるなどアメリカで大ヒットし、さらにはネットフリックスの番組がその人気を世界中に拡散している。たんなる収納術や清掃スキルではなく、「ときめくかどうか」を基準に〝断捨離〟をするという独自の哲学が、アメリカ人の心を鷲摑《わしづか》みにしているのだ。掃除という極めて日常的な作業のなかにも「おもてなし」や「ときめき」といった要素を見出すことで、その人の働き方や生き方までも変えていく。そうした日本人の独自の着眼点に、いまや世界が熱狂しているのである。

ベースボールとあまりに違う高校野球の世界観

ぼくの友だちのアメリカ人で、日本の高校野球の熱烈なファンがいる。彼いわく、高校野球はベースボールではなく、「高校野球」という一つのジャンルなのだそうだ。

「なぜ高校球児は、攻守交代のときに全力疾走をするのか？」

初めて高校野球を観たとき、この疑問が浮かんだという。アメリカのベースボールで、攻守交代の際に全力で駆ける選手はいない。それからなぜ彼らはみな、坊主頭なのか？　どうして負けると泣いて土をもって帰るのか？　点差がついているのにもかかわらず、わざわざ盗塁をするのか？　本家アメリカのベースボールとあまりに違う高校野球の世界観に、気がついたらのめり込んでいたという。

ベースボール（あるいはアメリカの高校野球）と日本の高校野球のこの温度差は、そもそもの目的が違う、というところによる。ベースボールが娯楽、あるいはスポーツの楽しさを追求するという目的をもっているのに対して、日本の高校野球は、その根底に教育がある。礼に始まって礼に終わる。スポーツが教育の手段として根づいている日本では、「ルールを守ること」「最後まで手を抜かずに闘うこと」などが美徳とされ、その形式美に沿うことが何よりも重視されるのだ。

その一方、スポーツ大国のアメリカでは、「フェアに楽しむこと」が重視すべき規範とされる。たとえば大量に点差がついた場合、大勝しているチームには「こちらが手を抜いて相手にも楽しませてあげよう」という空気が漂う。実際に、カリフォルニア州で行なわれた高校バスケットボールの試合では、大差をつけて勝っていたチームが最後まで手加減せずに闘ったことが「スポーツマンらしからぬ行為」に当たるとして、コーチに二試合の出場停止処分がくだされた事例もある。日本人の多くはその話に違和感を覚えるだろう。それと同じように、高校野球の独自の美意識は大抵のアメリカ人にとっては異様に映り、またある人にとってはひどく魅力的なものに感じられるのだ。

もちろん、日本のスポーツにおけるそうした価値観は、教育以前に、古来受け継がれてきた日本独自の精神論に基づいたものでもある。高校野球をはじめ、柔道、剣道、空手、いずれも礼に始まって礼に終わる。勝っても負けても、相手を敬うことを忘れない。勝った際にガッツポーズをしようものなら、「作法がなっていない」とたちまち叩かれる。その代わりに大相撲では弓取式なるものがある。勝った力士の代わりに喜びを表現したものと考えられている。

もっとも、大相撲に関しては、神事としての性格が不可分であることも忘れてはならない。もともと大相撲は、その年の農作物の収穫を占う祭りの儀式として行なわれていたもので、平安時代には宮廷の行事としても親しまれていた。そのため、礼儀作法が重んじられ、力士の外見もほぼ昔のまま継承されるなど、いまでも文化的側面が強い。横綱に強さだけではなく品格や厳格さが求められるのも、そうした背景があるからだ。

礼に始まって礼に終わるのは、日本発祥のスポーツに限ったものではない。先に述べたワールドカップで「ありがとう」というメッセージを残したサッカー日本代表や、清掃前とあとに乗客への礼を欠かさないテッセイの清掃従業員からもわかるように、それは日本人全体の作法として浸透している。ぼくたち日本人はそうした精神性を過去から連綿と受け継がれる和の心、あるいは武士の倫理・規範であった武士道など日本独自の文化から自然と学んできたわけだが、そうした土壌のない外国人の目にはとても特殊なことであると映るのだ。

ラーメンもカレーも「メイドインジャパン」

日本独自の文化の筆頭で、いま世界にもっとも認知されているものといえば、いうまでもなく日本食だろう。和食ブームは以前から起きていたが、二〇〇八年度の『ミシュランガイド 東京版』が東京のレストランにいちばん多くの星をつけたことは決定的だった。二〇一九年度版においても、三つ星獲得数、星の総合獲得数ともに東京が一位。ミシュランの評価を気にする外国人にとって、東京は世界一の美食天国として認識されているといって差し支えないだろう。

最近、ぼくが衝撃を受けたのが、日本式ラーメンの海外での爆発的ヒットである。

先日、学会でポーランドのクラクフに滞在したときのこと。クラクフは、ポーランドでもっとも歴史ある都市の一つである。中世ヨーロッパの街並みが奇跡的に現在まで残り、世界遺産にも登録されている貴重な街だ。その美しい街を歩いていたところ、突如「ラーメン・ピープル」なる看板が姿を現した。興味が湧いてなかを覗《のぞ》いてみると、イマドキのポーランド人の若い女の子が一所懸命ラーメンをつくっていたのだ。

ニューヨークやロンドンに「一風堂」が進出するほど昨今のラーメン人気がすさまじいことは知っていたが、まさかポーランドの古都にまで、その人気が達しているとは思わなかった。ちなみに、メニューはベジタブル味噌ラーメンとチャーシュー醤油ラーメンの二択。ぼくはベジタブル味噌ラーメンを注文し、クラクフでラーメンを食べるという出来事に妙に感動しながら麺をすすったのである。店内にはなぜか、昭和のころの日本の歌謡曲がずっと流れていた。

和食が世界に認知され、ついにはユネスコ無形文化遺産に登録されて久しいが、特筆すべきはいまや、昔のように「スシ、テンプラ、スキヤキ」の時代ではなくなったということだろう。ぼくの周りにいる外国人の声に耳を傾けるなら、「カツカレー、ラーメン、オコノミヤキ」といったところだろうか。とにかく、外国人が好む日本食は、これまでの「常識」からバージョン２・５くらいにまで進化しているのだ。

ここで考えておきたいのは、はたしてその食べ物は「日本食」なのか？　ということである。お好み焼きは諸説あるらしいので置いておくとして、少なくともカレーはインド、ラーメンは中国が発祥であることは間違いない。にもかかわらず、日本で食されているのは、本場のそれとはまったく別物だ。

ラーメンを例にとってみよう。ラーメンの発祥が中国であることは誰もが知るところだが、日本のラーメン好きが「本場はさぞおいしいのだろう」と期待に胸を膨らませて中国へ行っても、ある意味でがっかりすることになる。スープは薄味、麺は柔らか、見慣れない牛肉などの具材。これが本場のラーメンなのだが、日本人の多くはそれを「ラーメンではない何か」と感じるのではないだろうか。

そもそも、両者の食べ方にも大きな違いがある。中国では、食事の最後に小さな椀に入った汁そばを食べる習慣はあるが、ラーメン一杯を食事のメインディッシュにするような食べ方はしない。この食べ方の決定的な差は、必然的にラーメンそのものにも大きな違いを生む。広大な中国大陸には多種多様な麺料理が存在するが、日本のラーメンはそのどれにも当てはまらないオリジナリティを持ち合わせているし、地域色も豊かだ。札幌ラーメン、熊本ラーメン、喜多方ラーメンといった各地の多彩なラーメン文化には、中国人でさえも驚くらしい。

カレーにおいてもそれは同じで、日本式「カレーライス」はインドのどこへ行ってもお目にかかれない。さらにいえば日本食だけではなく、アメリカ発祥のセブン‐イレブンや、中国発祥だが日本で独自の変化を遂げた漢字にも、同じような現象が起きたと考えられるだろう。他国で生まれたものを受け入れ、それにさらなるオリジナリティを加えて〝自国式〟にしてしまうことにおいて、日本の右に出る国はないのではないだろうか。

こうした日本の側面に関しては、ジャーナリスト・高野孟《はじめ》さんの日本文化論が興味深い。その著書『最新　世界地図の読み方』（講談社現代新書）において高野さんは、ユーラシア大陸の地図を九〇度回転させると、それはパチンコ台によく似ているかたちになる、という。そのいちばん下に位置する日本は、その国のかたちからしても、パチンコ台の受け皿に当たるのだ。

あらゆる文化は〝パチンコ玉〟のごとく、いちばん上に位置するローマをスタートし、シルクロードを通って、中国、朝鮮半島を経たあと、最後に日本に落ちてくる。島国である日本は、その実、世界のあらゆる文化の坩堝《るつぼ》だったということだ。島国特有の独自性を保ちながら、パチンコ台の受け皿に由来するような多様性ももっている。そうした日本の面白さが、現代のラーメンやカレーライスに表れている気がするのだ。

外国人が圧倒される「すきやばし次郎」のこだわり

外国人にいまなお高い人気を誇る日本食といえば、やはり鮨は外せない。ただし鮨についても、外国人の価値観がアップデートされている気がする。かつての外国人の鮨人気を支えたのは、自国にはない魚の生食という文化や、とにかくヘルシーであることなどだった。しかし、いまではさらにその先にある、日本人の鮨への「こだわり」に注目が集まっているのだ。

銀座にある「すきやばし次郎」をご存じの方も多いだろう。いわずと知れたミシュラン三つ星の鮨屋の名店だが、その店主である小野二郎さんの鮨に対する志に圧倒される外国人は多い。たとえば、多くの人は「魚は鮮度が命」という認識があるかもしれないが、小野さんは魚を寝かせてから提供することを基本としている。若いマグロは熟成が必要で、とくに中トロや大トロは酸化する一歩手前が味わい深い。大型のヒラメは〆《しめ》たばかりだと歯触りばかりが目立つので、握るのが許されるのは翌日の昼から。これは一例にすぎないが、『すきやばし次郎 旬を握る』（里見真三、文春文庫）には、このほかにも、小野さん独自のさまざまな手法が事細かに書かれてある。

こうした素材の下処理のことを「手当て」と呼び、たいていの鮨の味はこれで決まってしまう。もちろん、シャリへのこだわりも深い。選び抜かれた米を炊き上げたら鉢に入れ、それを手製の毛布で巻いてから、藁《わら》で編んだおひつに保管する。人肌の温かさに保たれたシャリは、完璧な手当てを施されたネタをまとい、じつにドラマティックな「おまかせ」というコースに乗せられて客に供されるのだ。アメリカでは小野二郎さんをモデルにした『Jiro Dreams of Sushi／二郎は鮨の夢を見る』というタイトルの映画がつくられ、現地の評論家から軒並み高い評価を受けた。

外国人は、職人の並々ならぬこだわりや、一つのことに高い志を抱く人が好きだ。ぼくが思う「こだわり」の定義とは、定められた基準を自分で超えていこうとする姿勢のことである。もちろん外国人でも一定の物や事柄にこだわりをもつ人はごまんといるが、とくに食に関していえば、その探求心や繊細さにおいて、日本人は卓越しているといえるだろう。

たとえば、『ミシュランガイド』第六代社長だったジャン・リュック・ナレ氏は、東京の専門店の数の多さを高く評価している。パリの日本料理店では、一つの店に鮨、刺身、焼き鳥などのメニューがひと通り揃っているが、東京では鮨店、焼き鳥店、うどん店といった具合に専門店に細分化されているのが印象的だったそうだ。たしかに、とくにヨーロッパやアメリカでは、日本のように高度に細分化された専門店をほとんど目にしない。フランス料理はどこまでいってもフランス料理だし、たとえある程度の専門店があったとしても、日本ほどの精度とバリエーションを生み出すのは難しいだろう。こうした日本の専門性が、「こだわり」を生む土壌となっているのは間違いない。

さらに、「うま味《み》」という独自の味覚の発見を象徴として、日本食にはかなり細かい食感の分類がある。サクサク、まったり、シャキシャキ、とろ〜り……。世界中のどこを探しても、食感のオノマトペにこれだけ数がある国はないだろう。美食の国であるフランスや中国と比べても、やはり日本のオノマトペのバリエーションはずば抜けている。

なぜか。そこには、日本食の多彩な食感や味の領域はもちろん、日本人の極めて繊細な感性が関係しているように思う。自然豊かな日本では古来、四季折々の豊かな食文化が育まれ、食材の旬《しゅん》を楽しむための感性が発達してきた。それらを基盤として、小野さんのようなスペシャリストがもつ「こだわり」精神が育まれたのだ。オノマトペや感性、つまり「クオリア」については、第3章に詳しく述べているので参照いただきたい。

日本人の「こだわり気質」は食に限ったものではない。興味深いところでは、近年の「ニシキゴイブーム」を取り上げておこう。

そもそも、ニシキゴイの歴史が面白い。いまから約二百年前の江戸時代末期、新潟県の長岡市（旧・山古志《やまこし》村）では、食用のために真鯉を飼っていた。ある日、突然変異で一部の真鯉に綺麗な模様がついていることを農民が発見し、それを捕まえて観賞用に育てるようになった。これが、ニシキゴイ誕生のきっかけである。もともと冬期の非常食として真鯉を養殖する習慣があったのと、山岳部ゆえに隠田《おんでん》が多く存在し、飼育するのに困らない程度には裕福だったことが、養殖がさかんになった背景として挙げられるという。その後、余裕のある農家の趣味としてニシキゴイの交配が進み、質のよいものが売買されるようになった。これが全国にまで拡大したのは、大正三（一九一四）年の東京大正博覧会だ。ここでニシキゴイが出品され、日本中で爆発的に認知度が高まったという。

長岡市では、現在でもニシキゴイの養殖がさかんに行なわれている。ぼくが驚いたのは、その交配の細かさ、マニアックさだ。ニシキゴイといえば鮮やかな色彩が印象的だが、赤、黒、白、黄色といった色の絶妙な混ざり加減、模様の配置などにおいてかなり細かい基準が決められており、交配は極めて難易度が高いという。加えて、体型や資質、ヒゲが左右対称についているかどうか、泳ぎ方やヒレの動きの〝色っぽさ〟などが価格を大きく左右する。

完全にマニアの世界なのである。

そんなニシキゴイがいま、世界を席巻《せっけん》している。日本で開催されるニシキゴイの品評会には世界各国から愛好家やメディアが殺到し、日本で生産されるものの七割以上は輸出に当てられているそうだ。その価格は、高いものなら一匹数千万円！　高級車並みの価格で取引されているというのだから、驚くばかりである。日本人のこだわり気質、それに魅せられる外国人といった図式が、ニシキゴイの世界からも見受けられる。

興味深いのは、日本人のそうしたこだわり気質が、生活のなかでごく自然に根づいているという点である。たとえば、お茶を飲む習慣は世界中に存在するが、お茶をただ淹《い》れる行為を「茶道」とし、一つの文化として確立させたのは日本だけだ。お茶を淹れるだけで人間国宝や文化勲章受章者に選ばれたりしている日本は、客観的に見ればとても不思議な国なのである。これが海外なら、「professional（専門的な）」や「geek（オタク）」という単語で片づけられて、とても狭い範囲で完結してしまう。あるいは、「commitment（傾倒）」や「insistence（固執）」が似ている言葉として挙げられるが、どちらも否定的な要素を含むため、「こだわり」とは意味が異なってくる。

そもそも、海外には「こだわり」という言葉自体が存在しない。言葉の概念が特定の文化的文脈のなかで育つことを考えれば、日本にはこだわりという概念が生まれる土壌がしっかりと根づいていたのだろう。

「おまかせ」はとても合理的なシステムだった

先に紹介した「すきやばし次郎」にはメニューがない。訪れた客は「おまかせ」を頼み、その日最高のパフォーマンスを誇る鮨のラインアップを堪能する。フレンチの巨匠であるジョエル・ロブション氏が手掛けた「ラトリエ ドゥ ジョエル・ロブション」では、カウンターでフレンチのおまかせコースを楽しめるが、これが「すきやばし次郎」からインスパイアされたものであることは有名な話だ。

この「おまかせ」は、「こだわり」同様、外国人が驚く日本人の習慣である。

高級レストランの「おまかせ」や、居酒屋での「おまかせで何か一品！」、広い意味ではお通しや定食メニューなども「おまかせ」の範疇《はんちゅう》に入るかもしれない。日本人には当たり前に浸透している「おまかせ」という文化は、じつは、これまで海外にはほとんど存在しなかった。ところが、日本食ブームとともに「おまかせ」の概念も広く知られるようになり、いまや高級店を筆頭に、破竹の勢いで飲食店に「おまかせスタイル」が拡散している。

とくにヨーロッパやアメリカの人は、メニューを自分でカスタマイズすることを好む傾向にある。各々の宗教や食の主義などもあって、「卵は半熟の目玉焼きで」「バーガーのバンズは全粒粉で」「豚肉は抜いて、野菜だけで」などと好みを細かくオーダーするのが一般的だ。対して日本人は、あれこれと指定するのを面倒だと感じる傾向が強い。

加えて、サービスに対する考え方にも差がある。西洋のサービスではつねに客のほうがイニシアティブを握っていて、ホテルでもレストランでも、客が何かを要求しないとサービスを受けられない場合が多い。一方で日本は、客が望んでいるであろうことを察知し、先回りしてサービスを提供するという文化をもっている。これが独自の「おまかせ」文化であり、「おもてなし」の美学なのだ。

考えてみれば「おまかせ」は、非常に合理的なシステムでもある。食材の旬やベストな調理方法を熟知しているのはつくり手のほうだし、食材を無駄なく使い切ることができる点でも効率がよい。客にとっては、予想もしなかった料理と出合えるサプライズの要素もある。理に適《かな》っていながら、玉手箱を開けるようなワクワク感も持ち合わせる。そんな粋な「おまかせ」文化が海外で人気になったのは、「おもてなし」のヒットを考えれば当然かもしれない。

ちなみに、最高峰の「おまかせ」サービスを提供するお店の一つに、帝国ホテルのクリーニングサービスを挙げたいと思う。ご存じの方もいるだろうが、帝国ホテルのクリーニングサービスは、「新品以上に綺麗になって返ってくる」といわれるほどクオリティが高い。洗濯物を出すと何もいわなくとも、染み抜きやボタンつけなどを施した完璧な状態で仕立てられてくる。そのため、外国人旅行者のなかには、わざわざ洗濯物を溜めてここに預けるファンもいるという。

「おまかせ」の文化とは、ともすれば「押しつけ」と紙一重という考え方もできる。その点でいうと、相手の要望を察知して心地よいサービスを提供しながらも、絶妙な距離感を保つことに日本人は長《た》けているのかもしれない。そんな独自のバランス感覚が、日本が誇る行き届いたサービスを進化させ、職人の技量を熟練させてきたのだろう。

落語が教えてくれる、美意識としての「真面目」

「日本人って真面目だよね」

そういわれたら、それを誉《ほ》め言葉ととるだろうか。それとも、バカにされたと感じるだろうか。

外国人と比較したとき、よく日本人は真面目だといわれる。どんな理由でも遅刻は悪で、列車事故によるわずかな時間の遅刻でも遅延証明書を求めたりする。レストランでもコンビニエンスストアでも店員はサボることなく働き、サラリーマンは残業をこなしながらも有給休暇をなかなか取得できない状況だ。こんな国は、世界中どこを見渡しても間違いなく日本だけだろう。

もっとも、ぼくたち日本人にとって、こうした真面目さの半分くらいは居心地のよいものだし、真面目さなしでは「おもてなし」といったハイレベルなサービスを提供することもできないだろう。サッカー日本代表のロッカールーム清掃も、テッセイのおもてなしも、小野二郎さんの「こだわり」も、根底に真面目さがあることが不可欠で、真面目の是非を問うことは難しい。それよりも肝心なのは、自分たちの真面目さの〝質〟を理解し、それを未来へどう進化させていくかを考えることである。

それを考えるとき、さまざまなことをぼくたちはヒントにできる。そのヒントの一つとして、ここでは古典落語の名作と名高い『芝浜』を紹介したい。

主人公は、魚屋稼業の勝五郎という男。彼はひどい呑兵衛《のんべえ》で、仕事にも行かずに酒ばかり飲んでいた。そんな冬のある日、勝五郎の醜態に堪忍袋の緒が切れた女房が、尻を叩いて無理やり魚河岸に向かわせる。重い足取りで家を出た勝五郎が河岸に着くと、まだ時間が早くて人もいない。むしゃくしゃしながら芝の浜で一服していると、波打ち際に流れ着いた財布が目に入った。

拾い上げて中身を見ると、なんと五〇両もの大金が入っている。勝五郎は飛んで帰り、仲間を集め、その大金を使ってどんちゃん騒ぎ。たらふく飲んで、たらふく食べて、それでも金は十分に余るから、明日から働かなくてもいいんだと浮かれながら寝てしまった。

「お前さん、起きて仕事に行っておくれ」

翌朝、そんな女房の声で目を覚ます。昨日拾った大金で当分食っていけるだろう、と答えると、「大金？　何の話だい。夢でも見たんじゃないか」と女房。慌てて起きて財布を探すも、まったくもって見つからない。勝五郎は、自分が夢を見ていたことに気づき、金を拾う夢なんぞを見た自らを恥じた。それ以来、勝五郎は心を入れ替え、酒を断ち、仕事に打ち込むようになる。

それから三年後の大晦日《おおみそか》。勝五郎の努力が実り、夫婦ともどもすっかり羽振りがよくなっていた。そこで女房が、あのとき拾った財布を差し出すのである。

「あのとき、夢を見ていたと嘘をついてごめんね。殴っても蹴ってもいいよ」

真相はこうだ。旦那が大金の入った財布を拾ってきたものの、横領は死罪。さらに、このまま大金に手をつければ、勝五郎がほんとうにダメな人間になってしまう。悩んだ挙句、財布は奉行所に届け、勝五郎には夢を見ていたと言い張ることを決意した。そして三年経ったこの日、落とし主不明で財布が夫婦のもとに下げ渡されたのである。

嘘をついていたことを詫《わ》びる女房の言葉に、あのころの不甲斐ない自分を思い出す勝五郎。そんな自分を立ち直らせてくれた女房に深い愛を感じ、心を打たれる。勝五郎の労をねぎらって「久しぶりに酒でも飲もうか」という女房に、勝五郎は喜んで一度は盃《さかずき》に手をつけるものの、それを下ろして「よそう。また夢になるといけねえ」と一言。幕が下りる。

人情噺でお馴染みの『芝浜』は、落語ファンにとっては年末の風物詩でもある。かくいうぼくも、とても好きな話の一つだ。語り手によってその魅力はさまざまだが、とにかく気持ちがよい話なのである。

まず、勝五郎の職種が魚屋であるのがよい。冬の朝の芝浜の清々《すがすが》しさが物語の背景に描写され、聞き手は心地よい程度に身が引き締まる。そして、「真面目であることが報われる」

という非常にシンプルな教えに、何ともいえぬ清涼感を感じるのだ。

落語に限らず、日本の古典には、「真面目」や「正直者」が救われたり、行き過ぎた欲望に警鐘を鳴らしたりする話が少なくないように思う。落語でいえば『子別れ』『紺屋高尾《こうやたかお》』、昔話なら『舌切り雀』『鶴の恩返し』など、枚挙に暇《いとま》がない。そして、ぼくたち日本人は、そうした物語から何かを学ぶというよりは、登場人物に感情移入したり、何となく爽やかな気持ちになったりして、共感めいたものを抱くのだ。それは、清廉な生き方に触れたときに、心のなかに「美しいな」という感動が沸き起こる感覚に近い。「真面目」を善悪といった教訓的な意味で捉えるのではなく、「どう生きるのが美しいか」という美意識が共鳴するという感覚で捉えているのではないかと思うのだ。

海外では意外なほど、このようなテーマの話が少ない。強いて挙げればロシアのレフ・トルストイの『イワンのばか』が近いが、社会階層や政治的なイデオロギーが多分に含まれている点で、やはり日本とは異なる。逆に「善と悪」「賢者と愚者」というテーマ性のものが圧倒的に多く、日本とは倫理観念が根底から違うことが窺える。そこにはもちろん、宗教的な思想も大きく関係している。その国の倫理観や宗教観を窺えるといった意味でも、落語や古典に対するリテラシーは身につけておくべきである。

ＴＥＤ発！　次にバズるのは「もののあはれ」？

ＴＥＤ《テド》をご覧になったことがあるだろうか。正式名称は「TED Conference（テド・カンファレンス）」といって、アメリカにある非営利団体ＴＥＤが主催する講演会のことだ。実際に講演を聴くには高額な年会費を納める必要があり、もともとちょっとした高級サロン的な存在として、知識人のあいだで知られる存在にとどまっていた。しかし二〇〇六年から講演動画の無料配信が始まるやいなや、知名度が急上昇。それもそのはず、講演のプレゼンターは、ビル・クリントンやビル・ゲイツ、ノーベル賞受賞者のジェームズ・ワトソン、Ｕ２のボーカル・ボノ、ウィキペディアの共同創始者であるジミー・ウェールズなど、名だたる著名人が勢揃いしている。

もちろん、キラリと光るアイデアがあれば、年齢も肩書も関係なく誰でもプレゼンターになれる。「幸せはお金で買うことができるのか？」「好きな仕事はどうしたら見つかるのか？」といった興味深いテーマが目白押しなので、まだご覧になったことがない方は、〝人生を変える〟ほどの素晴らしいプレゼンテーションとの出会いを楽しんでいただきたいと思う。

さて、TEDの話をしたのはほかでもない。二〇一八年に開催されたTEDで「もののあはれ」をテーマに取り上げた外国人のプレゼンターが二人もいたのだ。そのうちの一人はミュージシャンで、「もののあはれ」をテーマにつくったという曲を披露していた。「Zen」「Wabi Sabi」に続き、「Monono Ahare」もまた、世界が注目する日本的概念になりつつあるのである。

「もののあはれ」とは何か？　言葉で説明しようとすると、非常に難しい。試しに『広辞苑』で調べると、「人生の機微やはかなさなどに触れた時に感ずる、しみじみとした情趣」とある。言葉で説明されるといまいちピンとこないが、たとえばそれは、桜が散る様子を見て切なくなる感じのことだ。長い冬を越してようやく咲いた花も、たった数日で散ってしまう。そのことに心を動かされる感性を、日本では「もののあはれ」という概念、あるいは美意識として表現している。

江戸時代の国学者の本居宣長《もとおりのりなが》がその解釈に人生を捧げたように、「もののあはれ」という言葉の趣旨はとても曖昧であり、幅広い。それはおそらく、「あはれ」を感じる対象の多くが「自分ではどうしようもない存在」であり、仏教でいうところの主客未分の感覚に近いからであろう。

主客未分とは、世界を認識する「主観」と、主観によって認識される「客観」の区別が曖昧な状態のことをいう。『美の日本』（明治大学リバティブックス）を著された文芸評論家の伊藤氏貴さんは、「もののあはれ」を「『世界観』というような主客の間の距離を前提とした視覚的なものではなく、世界の感じ方である」と述べている。自然や人生といった大きなフィールドを前に自分の無力さを「感じる」こと、そしてそれを主観的に嘆き悲しむのではなく、ただ「受け入れる」ことに価値を見出す、まさに日本独自の感性だ。

『源氏物語』は、そんな「もののあはれ」を描写した日本文学としてあまりにも有名だろう。多様な境遇に置かれた登場人物たちが、さまざまな感情を持ち合わせ、数奇な運命をたどっていく。源氏を想う藤壺は自分の気持ちを伝えることを許されず、とうとう源氏との子どもを産み、すべてを捨てて出家する道を選ぶ。源氏の正妻格である紫の上は、女三の宮の降嫁によって苦悩を抱え、やがて死んでしまう。女三の宮は柏木とのあいだに望まぬ子を身ごもるが、それが源氏に知れてしまい、これまた苦悩の末に出家する。そうしたエピソードがただ淡々と、仕方がない、どうしようもないというスタンスで語られていく。そこには人生の教訓も、ある種の「救い」も、解決策もない。

平安時代に書かれた『源氏物語』は、じつはかなり現代的な小説だと思う。いまでこそ「ありのまま」的に人生を描写した小説は珍しくないが、過去、とくに西洋においてはあまり例がないのではないか。なぜなら、西洋にはキリスト教の教えを基盤に生き方のヒエラルキーが存在し、そこに教訓や「救い」がないと成立しない世界観が確立されているからだ。ぼくが好きな小説『赤毛のアン』を読んでも、「バイブルどおりに生きないと天国に行けない」という清教徒の思想が随所で窺える。

他のどの海外の古典文学を読んでも、少なくとも『源氏物語』のように、「人生ってこういうものだよね」といってオチもないままに終わることはない。それに変化が訪れたのは、アメリカの哲学者・心理学者であるウィリアム・ジェームズが「意識の流れ」を提唱し、二十世紀における小説の手法に大きな影響を与えてからだろう。ヴァージニア・ウルフやジェイムズ・ジョイスなどを筆頭に、二十世紀を代表する海外作家は間違いなく「もののあはれ系」である。そしてこれを、世界のどこよりも先取りしていたのが、日本の『源氏物語』なのだ。

なぜ日本では、「もののあはれ」という概念が発達してきたのだろうか。やはり、四季折々の美しい自然と、それらが時折もたらす大きな災害が影響していることは間違いないだろう。さらに、神道という宗教的基盤のもと、自然と調和する文化が浸透してきたことで、ある種の多様性や平等性が育まれてきたこともある。

とにかくぼくは、TEDで「もののあはれ」について熱く語る外国人を見て衝撃を受けたのだ。「もののあはれ」、近いうちにバズるかもしれない。

第2章　辺境性や自然が日本の「ＯＳ」を育んだ

国の成り立ちを義務教育で習わない不思議さ

日本人にとってごく当たり前のこと、振る舞い、考え方、文化は、じつはグローバルな視点から見ると、とてもユニークである。二十一世紀に入ってぼくたちはようやくそのことを実感しはじめるのだが、もはやそれは「実感」というよりも、「そういう発想もあったのか」という「気づき」に近い。

海外の文化を取り入れることや、外国から「どう見られるか」には非常に敏感だが、自分たちについて知り、考察することに関しては恐ろしく興味がない。それはまさに「辺境」という立ち位置がつくった日本人の国民性といえよう。

日本の辺境性については、思想家の丸山眞男さんや『日本辺境論』(新潮新書)を著した内田樹《たつる》さんなど、その道の一流たちによって深遠な考察がなされている。それでも、内田さん流にいうなら、自分たちが「何者であるか」を認識する作業は「朝起きたら顔を洗って歯を磨くようなもの」で、「もう、これで十分」ということはない。日本史のおさらいも含めていま一度、日本の辺境的な立ち位置と、それが与えた影響について考えたいと思う。

そもそも、日本という国はいったいいつできたのか。意外と難しい問題である。日本列島がアジア大陸から分離したときとするなら、約一万二千年前の縄文時代草創期といえるし、神武天皇を初代天皇とし、即位したタイミングを建国とするなら紀元前六六〇年になる。「日本」という国名がついたときと考えるなら、中国の武則天《ぶそくてん》（則天武后《そくてんぶこう》）の時代、つまり七〇〇年あたりといってよいだろう。

国の成り立ちがはっきりしないというのは、考えてみれば不思議なことだ。現在の「建国記念の日」は神武天皇の即位日を新暦に換算したものだが、そもそも神武天皇からして神話上の人物という説があり、その存在自体が歴史的事実としてははっきりしない。さらに、「日本」という国名がいつ、どういう経緯で誕生したのかも推測の域を出ていない。日本列島を中心とする地域、およびその住人は、紀元前より中国各王朝から「倭《わ》」と呼ばれていた。中国の正史では、後漢（二五～二二〇年）の歴史を記した『後漢書《ごかんじょ》』に初めて「倭」の記述が登場し、隋（五八一～六一八年）の歴史を記した『隋書』に至るまではずっと「倭」で統一されている。『魏志倭人伝』にも、卑弥呼が自らの国を「倭」と名乗っていたことが記述されている。

これがいつから「日本」となったのか。諸説あるが、網野善彦さんの『「日本」とは何か（日本の歴史00)』(講談社)によると、六八九年に天武天皇が制定した「飛鳥浄御原令《あすかきよみはらりよう》」によって定められたとされるのが、大方の古代史研究者の認めるところだそうだ。そして七〇二年、日本の使者が中国大陸に渡り、時の則天武后に国名の変更を宣言する。ここに初めて、国際社会においても「日本」が認知されることになった。

こうした「日本」の成り立ちを知らない日本人は少なくない。そもそもぼくたちは、「日本」という国名がどのように定まったのかを義務教育で明確に習わないのだ。「縄文時代の日本人」「弥生時代の日本人」のように、まるでその時代から「日本人」が存在したかのような記述をする教科書が多いが、厳密にいえばこの時代に「日本」はまだ存在していない。加えて、「建国記念の日」が史実に基づく建国の日とは言い難い点も、他国ではおおよそ例を見ない。「『日本』という国号があたかも天から降ってきたように、古くからいつのまにかきまっているという曖昧模糊《あいまいもこ》たる認識にいまも実際にとどまっているのではないか」(前掲書)と網野さんは語る。

「日本」という名前の由来に関しては、かの有名なフレーズ「日出ずる処」でピンとくる人がほとんどだろう。遣隋使の小野妹子が隋に持参した書簡に書かれた言葉で、ご存じのとおり、「日のもと」「東の日が昇るところ」を意味している。

しかし、「誰から見て東なのか？」と考えたとき、「日本」という国名がはらむ辺境性が浮かび上がる。いうまでもなく中国大陸から見て東、つまり、中国を世界の中心とした自らの位置づけがこの国名の本質なのだ。

アジアの「中央」に君臨していた当時の中華王朝は、圧倒的な存在だった。当時の日本列島をはじめ、朝鮮半島、東アジア、東南アジア全域においては、いずれも中華皇帝から朝貢国（皇帝に対して周辺諸国が貢ぎ物を届け、皇帝は恩恵として返礼品をもたせる外交の形態）と見なされている。たとえば列島で邪馬台国を治めていた卑弥呼は魏の烈祖に朝貢して「親魏倭王《しんぎわおう》」の称号を授かっているし、それより前には、後漢の光武帝が倭の国王に「漢委奴国王《かんのわのなのこくおう》」の金印を与えたという史実もある。

つまり、「アジアの極東」という辺境に位置する日本は、自らが辺境民であるという自覚とともに外交をスタートさせているのだ。つねにグローバルスタンダードを基準に置きたがる現代の日本人の特性は、こうした〝辺境民マインド〟と無関係ではないのではないか。「自分たちは主役じゃない」という意識がいまもどこかに根づいていて、それが自国への探求心を無気力なものにしているのかもしれない。

スタンダードを中華王朝に定めていた時代は、江戸時代の鎖国をもって静かに終焉《しゅうえん》を迎える。その二百年後、黒船の襲来によって開国を余儀なくされてからは、西洋基準のスタンダードが到来した。他国に後れをとるまいと西洋化を推し進めた「文明開化」を経て、第二次世界大戦に敗戦してからは、そのスタンダードは本格的にアメリカに定められる。日本の歴史を振り返ると、中国、西洋、アメリカなどの国々の存在を国家形成の背後に認めないわけにはいかない。

グローバルスタンダードといえば、国歌『君が代』制定の発案者がイギリス人であることも、じつは意外と知られていない。明治二年、イギリス公使館にいた軍楽隊長のジョン・ウィリアム・フェントンが日本に国歌がないことに驚き、その必要性を説いたのが『君が代』誕生のきっかけだった。さらに、歌詞は『古今和歌集』の和歌を初出としているものの、作曲したのはフェントンその人だ。もっとも、のちに宮内省（当時）が旋律を改作し、ドイツ人の音楽教師フランツ・エッケルトが編曲している。そうして出来上がったのが『君が代』なのである。

大切なのは、国名や国歌といったラディカルなトピックに興味や疑問をもつ、ということだ。国歌って何？　日本はいつから日本なの？　そんな素朴な疑問が、「どうしていままでそんなことも知らなかったんだろう」という、自らのOS（オペレーションシステム）に目を向けることにつながるからである。

じつはとても前向きな言葉だった「島国根性」

日本の地政学的な特質についてはもちろん、島国であることも重要なポイントである。島国だから独自の文化を築き上げてきた――そんな考え方は、もはや常識のようにぼくたちに根づいている。でも、その〝常識〟の半分は正解で、半分は間違いだ。島国という地理的特性が、実際のところ文化形成にどう影響するのかを、史実と合わせてよく考えなくてはならない。

「島国根性」という言葉を『広辞苑』で引いてみると、「他国との交渉が少ないため視野がせまく、閉鎖的でこせこせした性質」とある。そんなに卑屈にならなくても……と思うが、まずは「島国＝他国との交流が少ない」という考えを改めるべきだろう。

事実、日本は古来から、外国との文化交流がさかんな国であった。弥生時代には中国大陸との朝貢を中心に、さまざまな工芸品や農具などの日用品が日本に運ばれた。その後、律令国家の成立に伴い、朝廷による貿易ルールが定められると、遣隋使や遣唐使が登場。彼らを通じて交流は続き、このころから大量の書物がもたらされるようになる。そのなかには仏典や、茶について書かれた『茶経』という書物も含まれ、いずれものちの日本仏教、茶道といった日本文化に大きな影響を与えた。

十二〜十六世紀ごろになると、絹織物や陶磁器をはじめ、鉄砲、キリスト教、ペットとしての生き物など、日本に持ち込まれる異国文化はますます多彩を極めるようになる。それらが日本の歴史、文化に与えた影響はあまりに大きく、少なくとも「他国との交流が少ない島国」だから独自の文化を築き上げてきた、という理論は破綻しているだろう。加えて、日本古来の文献を読んでみても、基本的には仏教や儒教といった大陸渡来の諸観念抜きに語ることはできず、思想面でも大陸文化の影響にさらされていたことがわかる。

これは同時に、日本人にそれらの異文化を受け入れるだけの器があったということにほかならない。じつのところ、日本人は多様性にとても富む民族なのだ。

神道一つを例にとっても歴然としている。神道に経典や開祖などはいっさい存在しないが、それは世界的に見て稀有だといってよい。自然や自然現象に基づいた「八百万《やおよろず》の神」という考え方からもわかるとおり、多様性を大切にした信仰だといえるだろう。必然的に、四季折々の気候やそれに伴う植生といった日本固有の自然環境も、多様性を育んだ要因の一つなのだ。

「島国」という言葉からある種の閉鎖性を連想するとしたら、それは大いなる誤解である。閉鎖性どころか、外国文化を取り入れることに関しては、日本はじつにオープンマインドなスタンスをとってきた。しかしながら、江戸時代の「鎖国」という言葉の影響からか、いつしか「孤立した島国日本」の虚像が日本人のなかに生まれ、単一民族で独自の文化と閉鎖的な島国根性を育んだという思い込みが浸透していることは否めない。網野さんは「明治以降の近代国家による刷り込み」（前掲書）と、これをピシャリと斬っている。たしかにこうした観念は、日本の中央集権や画一化政策を正当化し、高度経済成長を実現するうえではうまく機能したかもしれない。しかしグローバリゼーションやダイバーシティが叫ばれる現代において、そろそろ日本人本来の多様性という資質を理解しておく必要があるのではないだろうか。

もっとも「島国根性」という言葉については、幕末〜昭和初期の歴史学者である久米邦武が初めて採用した言葉であるという説がある。それによると、同じ島国のイギリスが貿易で繁栄した様子を見て、「模範的な海洋国家がもつべき島国根性」といったニュアンスで生まれた言葉だそうだ。それが真実であれば、「島国根性」は本来極めて前向きな言葉であり、その本質には、グローバルな未来への希望が込められているということになる。

交流可能、しかし侵略は難しい奇跡的な位置

ならば、その多様性を活かして日本人がさまざまな異文化を受け入れた結果、その〝ごった煮〟の文化が日本文化の独自性につながるかといえば、そう単純な話でもない。なぜなら、日本人は多様な文化を受け入れながらも、古来存在する「日本的なもの」もしっかり存続させてきたからだ。それが可能だったのはやはり、日本が島国だったからにほかならない。四方を海に囲まれ、文化交流するぶんには国同士の距離が近く、兵を率いて侵略するのには遠いという奇跡的なポジションにあったことが大きいだろう。

しばしば、日本は「世界最古の国」といわれる。そもそも建国がいつなのかがはっきりしないので論点もあやふやになってしまうが、少なくとも世界でもっとも長く続く王朝が天皇家であることは間違いない。これもまた「最初の天皇は誰なんだ？」という終わらない議論になってしまうが、仮に初代を天武天皇としてみても、その歴史は千三百年以上続いていることになる。ちなみに世界で二番目に長く続く王家はデンマークで、千年と少し。次点に続

くイギリス王室は千年にも満たない。〝四千年の歴史〟を誇る中国に至っては、三百年以上もちこたえた王朝すら存在しない。

これをそのまま「国の歴史」とするならば、やはり日本は世界最古の国となる。世界史対照年表を見てみても、唐、明、清、新羅《しらぎ》、高麗《こうらい》、オスマン帝国、ローマ帝国、神聖ローマ帝国……と世界中で数多《あまた》の国が生まれ、消えていくのに対して、日本だけが「日本」のまま年表上で長い線を描き、異様な存在感を放っている。他の国々が数十～数百年単位で成立と滅亡を繰り返していることを鑑《かんが》みれば、奇跡的なことだ。

これはやはり、日本が島国で他国からの侵略を受けずに今日まで来たことが大きい。一国の大軍が日本に攻め入るとき、海が極めて大きな障害になったことは間違いないだろう。

十三世紀後半に起きた元寇は、それを如実に物語っている。当時、中華大陸を支配していた大国・元《げん》の軍隊を筆頭に、モンゴル・高麗連合軍、江南軍、東路軍という巨軍が二度にわたって日本を侵略しようと試みたが、いずれも大暴風雨によって叶《かな》わぬ夢となった。あるいは逆の立場からすれば、豊臣秀吉の朝鮮侵略失敗にも同じことがいえる。朝鮮半島の上陸に成功して一時的な勝利を収めはしたが、兵糧や武器の輸送に困難をきたし、明・朝鮮連合軍に大敗を喫した。航海時代において、気候の影響をもろに受ける海というフィールドに囲まれていたおかげで、日本が外敵からの侵略を免れられたことは大きな意味をもつ。

同じ島国であるイギリスはこうはいかなかった。なぜか。丸山眞男さんは『日本文化のかくれた形《かた》』（岩波現代文庫）で「乱暴にいえば」と前置きしたうえで、それを「ドーヴァー海峡と、対馬海峡との違い」と推測している。つまり、対馬海峡に比べてドーバー海峡は対向するヨーロッパ大陸とあまりに近く、その影響でイギリスは「紀元前にすでにヨーロッパ大陸と一体化している」。そして、「土俗的な文化がそれより高度に発達した文化の侵入に直面すると、ほとんど併呑されてしまって、同じ文化圏になってしまう」。たとえば古典、宗教といった点で、イギリスはヨーロッパ大陸諸国と、ほとんど共通の歴史、思想をもっている。

その点、荒れた外海に囲まれ、朝鮮半島を通過しないと侵略が困難な立地にあった日本は幸運というほかないだろう。それゆえ、朝鮮半島が中華王朝の支配下にあった元寇の際はまさに窮地に立たされていたが、暴風雨という天候に救われた。島国・日本が他国からの支配を受けなかったのは、地政学的なもの、天候という偶発的なもの、さまざまな要素が重なって成しえた奇跡といえる。その奇跡が、日本古来の文化や思想、体制の存続を可能にしたのだ。

しかしながら、そもそも海は国と国、人と人とをつなげる交通路として大きな役割を担うものだ。天候を鑑み、万全を期して航路をたどれば、これほど太く安定した交通路はない。日本と他国との文化交流は、こうした海のベネフィットを活用しながら成熟を極めてきた。そうして確立された「外部からの新しい刺激を受け入れながら、根本的な自分たちのやり方は曲げない」という独自のスタイルが、唯一無二の日本文化を形成してきたと考えることができる。

古典をそのまま読めることがいかにすごいか

外部からの新しい刺激を受け入れながら、根本的な自分たちのやり方は曲げない。これが具体的にどういうことかを、丸山さんはこう表現している。

「日本の多少とも体系的な思想や教養は内容的に言うと古来から外来思想である、けれども、それが日本に入って来ると一定の変容を受ける。それもかなり大幅な『修正』が行われる。さきほどの言葉をつかえば併呑型ではないわけです」（前掲書）

多様性と独自性の両方を保ってきた日本では、吸収した異文化を自分たちに合うように「修正」してしまう。非常に興味深い日本の特質だ。丸山さんは思想や教養に限定しているが、個人的には、第1章で述べた「カレーライス」や「日本式ラーメン」もそれに当たるのではないかと思っている。しかし、それがもっとも如実に表れているのは、やはり日本の文字文化だろう。

漫画などのポップカルチャーが世界で人気になるにつれ、日本語の文字の特殊性にも注目が集まっている。ぼくたちは、漢字、平仮名、片仮名の三種類の文字を難なく使い分けているが、世界中のどこを見渡してもそんな国は見当たらない。三種類もの文字を使いこなさなければならないのは非効率ともいえるが、もはや後戻りはできない。たとえばこのぶんしょうがひじょうによみづらいように、中国から伝わった漢字に加えられた「修正」によって日本人に根づいた文字文化は、「日本」とは、そして「日本人」とは何かを表す象徴の一つといっても過言ではないからだ。

諸説あるが、日本人が初めて文字、つまり漢字に出合ったのは五～六世紀ごろと推測されている。百済《くだら》からの渡来人によって儒教の経典がもたらされたのと同時に、それまで口伝えのみだった日本に漢字が普及した。その後、八世紀に編纂された日本最古の歴史書『古事記』には、初の「日本語の文字化」が実現されている。とはいえ、その表記はすべて漢字。たとえば、「私が」の「が」の部分に当たる漢字がない場合は、意味は無視して音が似ている漢字をあてがい、なかば無理やり文字に起こしてしまったのだ。

『古事記』の序文からは、その編纂をなした太安万侶《おおのやすまろ》の苦労が窺える。そこには、日本語はもちろん、漢文の素養も十分にあったにちがいない彼をもってしても、口伝えであった言葉を文字で表記することへの苦悩の絶えない様子が綴《つづ》られている。以下は、作家・評論家の橋本治さんの現代語訳を引用したものだ。

「困難はいくつもございましたが、その最大の問題は、文字のことです。

わが国の文字は、すべて中国からつたわりました。漢字です。文章をつづる方法は、漢文以外にございません。稗田阿礼《ひえだのあれ》が記憶いたしましたことが、長いあいだ書物となることができなかったのは、そのためでもございます。

遠い古代の人々は、すなおにその心をのべました。口から耳へと語りつたえられた言葉は、すべて率直な表現ばかりでございます。これを漢文にして書き記しますと、表現が難解でうそがまじることもございましょう。ですけれど、その発音のひとつひとつを、万葉仮名で書き表しますと、文章の見た目が長くなりすぎます。

ですからわたくしは、古くからつたえられてきた神々と人々の心と言葉が、そのままいまの世の人々につたえられますように、朝廷の正式な文章である漢文ではない文体で、この書

物をつくりあげることにいたしました」（『古事記（21世紀版 少年少女古典文学館1）』講談社）

その後も「日本語をどのように表記すればよいか」はさまざまに試行錯誤され、平安時代には漢字をちょっと崩した「草仮名《そうがな》」と呼ばれる文字が生まれた。それから、「ええい、もう漢字は面倒くさい！」という運びで、草仮名をさらに崩した平仮名がめでたく誕生。九〇五年に編纂された『古今和歌集』には、早くも平仮名が公に用いられている。以降、公文書は原則として漢文で表記されたが、日本語を表記するための工夫は並行して近代まで進められ、和歌集、紀行文などの文学は平仮名も交えて綴られるようになる。そして、明治三十三年の「小学校令」で仮名表記が統一され、現代日本語が完成した。

驚くべきは、漢字が伝来したタイミングで、公用語を漢語にシフトしなかった点だ。『古事記』を編纂した太安万侶以降も、鎌倉時代に『愚管抄《ぐかんしょう》』を書いた慈円《じえん》や、明治時代の小説家・二葉亭四迷《ふたばていしめい》らによって、「日本語をどのように表記するか」の苦悩が随所で綴られている。それにもかかわらず、もともとの大和言葉に漢字を当てはめて訓読みをつくったり、独自の漢字を編み出したりと、なかば無理やり自分たちのやり方に漢字を当てはめ、消化することに成功してしまった。これはもはや異文化の「修正」というより、「身体化」に近いのではないか。

もっとも、かつて中華王朝の辺境は、日本以外の国でも「平仮名と漢字」のようなハイブリッド言語を用いてきた。朝鮮半島ではハングルと漢字が、ベトナムでは「チュノム」と呼ばれる文字と漢字が併用されてきた。しかし、韓国では一九六八年に漢字教育が廃止され、一九七〇年には教科書からいっさいの漢字が消えてハングルだけになった。ベトナムにおいても、北ベトナム（当時）は一九五〇年に、南ベトナム（当時）は一九七五年に漢字が公式に廃止され、代わってアルファベットを使用した「クオック・グー」という表記体系が採用された。これはつまり、歴史が進むにつれて、現在の韓国人やベトナム人は以前に書かれた文章――文学作品も、歴史資料も、祖父母が書いた文章すら読めなくなるということを意味する。

英語にも同じことがいえる。古代ギリシャ語や古代ヘブライ語を起源にもつ英語の歴史は、文字としての歴史はまだ六百年程度しかない。つまり、古代の文献を原文で読むには、おのずとそれらの言語を習得しなくてはならなくなる。聖書を例にするとわかりやすいだろう。もともとの原文はヘブライ語、アラム語、古典ギリシャ語であり、いまの人はこれを読むことができない。十五世紀に活版印刷の登場で広く民衆に広める機会ができたことをきっかけに聖書の翻訳がさかんになり、ドイツ語をはじめ、各言語による聖書が生まれたのである。

一方、日本人であるぼくたちは、日本人であるというだけで、日本語が生まれた当時の文献をそのまま読み、理解することができる（少しの古典を学びさえすれば）。しかも、漢字という表意文字と平仮名という表音文字、つまり「図像」と「音声」というまったく異なる性質をもつ二つの言語を並行処理しながらである。これは世界的に見ても、極めて例外的なことといってよい。

さらに、平仮名という特殊な文字の誕生は、日本文化に多大なる影響を与えた。『源氏物語』や『枕草子』などの優れた文学作品、『古今和歌集』『和漢朗詠集』などに収められた美しい和歌の数々などは、流麗な平仮名の書体と共振していっそうの輝きを放っている。何よりも、紀貫之《きのつらゆき》が綴った『土佐日記』からは、平仮名に対する日本人独自の感性が見て取れる。

「男もすなる日記《にき》といふものを女もしてみむとてするなり」

貫之があえて「女」になりすまして執筆した、あまりにも有名な冒頭の一節だ。当時、平仮名は「女文字」「女手」などと呼ばれ、和歌を詠む際などを除いては女性が使用する文字とされていた。『古今和歌集』の撰者でもあった紀貫之には、情緒的な描写が多く用いられる随筆においては、漢字ではなく平仮名で表現したいという意向があったものと思われる。

「たしかに随筆は、漢字より平仮名のほうがいいよね」。もしあなたがそう感じたら、その感性は日本人ならではのものだ。そしてそれは、先人たちが苦労して成しえた「漢字と平仮名のハイブリッド化」の実現による賜物なのである。

文字も仏教も「身体化」してしまった日本人

文字のほかにも日本が「身体化」した異文化として、仏教が挙げられる。紀元前四五〇年ごろにインドで生まれ、中国大陸、朝鮮半島を経由して日本に伝わったのはご存じのとおりだ。現在ではアジアに広く浸透している宗教の一つだが、各国ごとに多少の特色はある。しかしながら、日本で信仰されている「日本仏教」においては、群を抜いて独自路線を貫いているといってよい。

もっともわかりやすい日本仏教の特徴は、お坊さんの妻帯が許されている点だろう。妻帯どころか肉も食べ、一般人と比較的近い生活を送っている。これは、仏教の戒律に従って妻帯も肉食もしない外国の仏教僧と比べて、かなり特異なものだ。

日本で最初に肉食妻帯を実践したのは浄土真宗の親鸞《しんらん》である。もっとも親鸞以前にも、こっそり隠れて肉（当時は魚）を食べたり女性と関係をもったりする僧は少なからず存在した。ところが親鸞は、これを堂々と宣言したうえでやってのけるという荒業に出る。堕落坊主、色坊主とそうとうな非難を浴びたことは容易に想像できるが、あえて公然とそうやってのけたのは、修行を積んだ僧も家族をもつ一般人も平等に幸せになれるという、万人救済の信念を伝えたいがためであった。

妻帯が許されている日本ではごく自然な世襲制、さらには檀家制度もまた、外国の仏教にはないものだ。檀家制度の源流は飛鳥時代にまで遡るが、制度として確立されたのは江戸時代である。もともとの目的は隠れキリシタンの撲滅で、当時の寺は法事や葬式だけでなく、檀家の人々の戸籍を預かり、結婚や転居の手続きなども請け負う役所的な役割も担っていた。現在でもその風習が残り、葬式や法事のときだけ仏教を用いる〝葬式仏教〟などと揶揄《やゆ》されるが、これももちろん日本仏教ならではだ。そもそもインドや中国では、仏教が葬式に用いられること自体があまりない。

そして何より、日本仏教は文化の側面においても多大な影響を与えている。洗練された寺院建築、多種多様な仏像、世界的にも評価が高い日本庭園など、唯一無二の文化的産物は枚挙に暇がない。さらに、それらを美術品や文化財と見なし、寺に「鑑賞」しに行くという発想もまた、日本人独自の感覚であることを認識しておきたい。

熱心な仏教国であるタイやミャンマーの寺院に行くと、必ずといってよいほど仏像が金ぴかに塗られており、境内にはきらびやかな装飾が施されている。静寂閑雅な日本の寺院に慣れていると少しびっくりするのだが、仏教の基本に立ち返れば、じつは日本のほうが〝邪道〟なのである。なぜなら経典には、悟りを開いた釈迦の体は金色に輝き、涅槃《ねはん》は極彩色の美しい世界であることが描写されているから。金ぴかの仏像をどこか仰々しいと感じ、いわゆる「わび・さび」の趣ある仏像のほうに神々しさを感じてしまうのは、日本人独自の美的感覚から来るものにすぎない。

誤解を恐れずにいえば、大前提として、寺院へ「お参りに行く」という感覚が大半の日本人には希薄である。国内にこれほど多くの寺や仏像があり、日本人の多くは家ごとに菩提寺《ぼだいじ》をもち、葬式はお坊さんが取り仕切り、先祖代々のお墓もその寺にある。にもかかわらず、宗教を問われると「私は無宗教です」と答える日本人が多いのは、突き詰めて考えればそういうことになるのだ。

こうした日本仏教の異質性を考えるとき、大きなヒントになるのは神道の存在だ。古代より日本に浸透していた神道だが、六世紀に仏教が伝来すると、にわかに二つの宗教間で軋轢《あつれき》が生まれるようになった。世界ではいまなお異なる宗教同士で争いが絶えないが、たしかに日本の場合も一時期、神道vs仏教という宗教対立が起きた。にもかかわらず、そこで日本人が編み出したのが「神仏習合」、つまり、「神も仏も同じもの」という独自の概念である。

同じ敷地内に寺と神社が存在したり、寺に鳥居があったりするのは、神仏習合の概念のもとに建てられたからだ。この状況にぼくたちはさほど違和感を抱いたりしないが、冷静に考えてみれば、同じ敷地内に違う宗教の建造物が同居するというのは異常事態である。さらにのちには、「日本の神様は、仏教の仏様の化身である」という「本地垂迹《ほんじすいじゃく》説《せつ》」が登場し、同じ境内に神社と寺があっても「どっちをお参りすればいいの?」と悩む手間すら取り除いてしまった。「神様仏様!」というのは、究極の合理性から来る〝ごった煮〟発言なのである。

その無節操ともいえるほどの多様な宗教観は、ときに行き過ぎるほど商業的で議論の的となり、また信仰心の低さを批判されたりもすることだろう。一方で、それこそが宗教同士の争いを避け、平和を維持してきた秘訣とも考えられる。たとえば、神社や寺でお祭りを催すといった文化も日本ならではのものだが、「苦ばかりのこの世の欲を捨て解脱《げだつ》せよ」といった釈迦の教えからはほど遠い陽気さだ。そうしたところを日本人のよい部分として誇ってもよいのではないかと個人的には思うが、どうだろうか。

「神教」ではなく「神道」という名称の理由

仏教の「身体化」に成功したのには、日本にもともとあった神道の懐の深さによるところが大きい。たとえば、仏教発祥の地であるインドの仏教徒の割合は、二〇〇一年の時点で全体のわずか〇・八％程度だ。仏教を保護していた王朝の滅亡やヒンズー教、イスラム教の拡大などの影響で、仏教は十二世紀ごろにはほぼ衰退したといわれている。一方で中国では、総人口からいっても仏教徒の数はかなり多い。しかしながら、その歴史に目を向けてみると、宋王朝あたりからは道教などと習合し、宗教としての独自の形態を失っている。そして、儒教を重んじる明王朝や清王朝、さらに追い打ちをかけるように共産主義化が襲い、現在も弱体化に歯止めがかからない状況といえる。

もし神道がなかったら、日本の仏教もインドや中国のような道をたどっていただろうか。それともタイやミャンマーのように、敬虔《けいけん》な仏教国になっていただろうか。いや、神道がなかったら、日本という国すら存在しなかったのではないか。それほどの存在意義をもつ神道とは、何だろうか？

そもそも、神道を「宗教」という枠にカテゴライズすることに違和感を覚える人も少なくないだろう。なぜなら、一般的な宗教がもつ教祖や経典がなく、布教活動をする人もおらず、「こうあるべき」「こうすれば救われる」といった教えも存在しないからだ。自然に宿る「八百万の神」を崇《あが》め、伝統的な自然崇拝として古来、日本人の生活に根づいてきたものなので、宗教というよりも思想や哲学、あるいは生活そのものと捉えることができるだろう。

「神教」ではなく「神道」なのも、そう考えると腑に落ちる。宗教学者の鎌田東二《とうじ》さんは、神道、つまり「神の道」を、「生活の流儀として、存在の流れとして伝承されてきたもの」（『神道とは何か』ＰＨＰ新書）と表現する。そのうえで、自然環境のなかにある「生命の道」や「文化的な伝承としての道」などのさまざまな「道」が幾重にも交差し、「重層に重層を重ねてできた十字路の習合の上に成立している」のが神道であると定義している。

変化に富んだ四季、それに伴う豊かな自然環境のなかで、自然に宿る八百万の神を崇める。そうして身につく調和性や多様性、感謝の気持ち、清廉性などが神道の「道」となり、それは日本人の気質として連綿と伝承されている。自然崇拝やアニミズムを信仰する民族は、かつては世界中に点在していた。しかし彼らは「侵略者」たちに抵抗することができず、いまやその存在は風前の灯《ともしび》といってよい。アニミズム性を保ちながら近代国家として自立した日本は、ほんとうに稀有な国なのだ。

もっとも、エコが叫ばれて久しい現代においては、神道のように自然を敬い、「人間は自然と共にある」という考え方が世界でもポピュラーなものになっている。しかし古来、西洋の思想風土は、それと真逆のものだった。たとえば、過去二千年間でヨーロッパに浸透したキリスト教とユダヤ教の自然に対する考え方が、旧約聖書の「創世記」に記された神ヤハウェの言葉に現れている。

「産めよ、増えよ、地に満ちよ。また地を従えよ。海の魚と、天の鳥と、地に動くすべての生物を支配せよ。見よ、わたしは君たちに全地の面にある種を生ずるすべての草と、種を生ずる木の実を実らすすべての樹を与える」

キリスト教における全知全能の神ヤハウェは、天地万物を創造した超自然的存在として理解されている。つまり人間はもちろん、自然もまた神の被造物であり、叡智《えいち》をもった人間が自然を支配することによって繁栄がもたらされるという観念がキリスト教の根幹なのだ。これは、叡智は人間ではなく自然が所有しており、人間は感謝と畏怖の念を込めて自然と共存していくという神道とは真逆の発想である。そして、こうしたキリスト教の教えは、自然の解明こそが神の偉大さの証明と理解され、コペルニクス、ガリレイ、デカルト、ニュートンといった天才的な科学者たちを生み出した。科学の飛躍的な進歩はやがて、「神のお触れ」という名目のもとに環境破壊への道をたどる。「人間は自然からその秘密を引っ張り出すこともできるが、その秘密を知ったために、それを用いて自らを破滅せしめてしまう場合もある」とは、イギリスの歴史家リチャード・ヘンリー・トーニーの言葉だ。

その一方で、自然との共存を本質とする神道の信仰の在り方は、エコロジーの観点では多くの示唆に富む。ひょっとしたら、現存する宗教で随一の〝エコロジー信仰〟といえるかもしれない。

神道のエコロジー的側面については、竹田恒泰さんの『日本はなぜ世界でいちばん人気があるのか』（PHP新書）にある江戸の都市構造が興味深い。江戸湾（現・東京湾）を取り囲むように栄えた江戸の町は、町を田畑が囲み、田畑を森が囲む「海・町・田畑・森」の四段階構造になっていた。森の河川が田畑の野菜を育て、町を潤し、江戸湾の海藻や魚介類を育む。それを食べて発生した人糞が肥料になって田畑を養い、そこで鳥や小動物が育ち、彼らによって森が育まれるという好循環が生まれていたという。

じつは、人糞を肥料にするという技術は、世界的に見ると一般的なものではない。室町時代に李氏朝鮮から日本に派遣された外交使節団は、「日本では人糞を肥料とし、農作物の生産高が非常に高い」と記している。さらに興味深いことに、飛鳥時代に編纂された『古事記』には、すでに次のような神話がある。高天原《たかまがはら》を追放された神・スサノオが、空腹を覚えて女神・オオゲツヒメに食料を求めた。するとオオゲツヒメは、鼻、口、尻から食材を出して料理をする。それに腹を立てたスサノオがオオゲツヒメを殺してしまうと、彼女の身体から蚕、稲、粟《あわ》、小豆、麦、大豆などが次々と生じた。竹田さんは、排泄物から料理をつくった神の屍《しかばね》から五穀が生じたというのは、排泄物が大自然に還《かえ》り、また食物になるという物質循環の仕組みの暗示であると解説している。

面白いのは、当の日本人には現在でいう「エコロジー」といった意識がなかった点である。二十世紀後半から世界中でさかんに叫ばれるようになったエコロジーだが、その背景にはもちろん環境問題があり、結果的に人間が手にするメリットも視野に入れたものだった。しかし神道を基盤に古来より日本で実践されてきたのは、自然との共存を本質としたディープエコロジーの先駆けだったのではないだろうか。

日本で最初にエコロジーの概念を持ち込んだのは博物学者の南方熊楠《みなかたくまぐす》だが、彼のいう「エコロジー」は、実際のところ、現在の意味合いとは少し異なるといわれている。日本の近代化の流れのなかで、明治三十九（一九〇六）年に神社の合併を支持する「神社合祀《ごうし》」が発布され、全国でじつに八万社の神社が廃された。鎮守の森が次々と失われていくなかで、南方がエコロジーの概念から神社合祀反対運動を起こしたのは、たんに「人間が自然を保護する」という発想から来るものだけではなかった。

トーテミズムの思想を重んじていた南方は、森に強い神秘性と一体感を抱いており、森を破壊されるのは自分自身を破壊されることであるという認識のもと、森に生きる者として声を上げていた。そうした自然との調和性こそが本来の日本人の資質であり、まさにいま、環境保全を叫ぶ世界が求めているものなのだ。

「三種の神器」とハイコンテクスト文化

日本で神道が信仰された背景には、災害の存在があったことも忘れてはならない。地震大国である我が国において、確実な記録として残されているもっとも古い地震は、六八四年に起きた白鳳《はくほう》地震だ。南海トラフ巨大地震としては最古のもので、マグニチュード8と推測される巨大地震であった。『日本書紀』にはこのように記されている。

「人定まるに及んで大地震あり。挙国の男女わめき叫びて東西を知らず。山崩れ河湧き、官舎、民屋、寺塔、神社の破壊されるもの算なく、人畜の死傷おびただしく、伊予の温泉は没して出なくなり、土佐の南方の田苑五十余万頃《けい》は沈んで海となった」(『大方町史』高知県大方町〔現・黒潮町〕教育委員会)。

「田苑（田畑）五十余万頃」とは、約一二平方キロメートルに相当する。当時の人々の地震体験の恐怖は、現在の日本人には想像がつかないだろう。確固たる存在の大地が揺れる、山が崩れる。そうした地殻活動を目の当たりにした体験をもち、それを伝承した日本人が自然に畏怖の念を抱くのは当然のことだ。災害が発生するたびに、人々は自分たちが神々を怒らせてしまったと感じたにちがいない。神々の姿は見えなくても、怒りが災害となって現れることで、見えない自然の神々の存在を確信せざるをえなかっただろう。

地震のメカニズムが解明されたいま、おそらく地震を「神の怒り」と解釈する人は少数派である。しかしながら、そうした「目に見えないものに畏怖を抱く」日本人の性質は、現在も健在だ。その顕著な例が三種の神器《じんぎ》ではないか。

いうまでもなく、三種の神器とは日本神話に登場する玉・鏡・剣のことで、日本の歴代天皇が継承してきた神宝のことだ。正統な皇位継承者のみに用意され、天皇が崩御される、もしくは譲位される際に、「承継の儀」をもって次の天皇に受け継がれる。要は、天皇という日本の象徴的な存在の正統性を裏づけるための、神物中の神物である。これほどに大事なものが〝誰も見たことがない〟〝見てはいけない〟ものとして、宮中（八尺瓊勾玉《やさかにのまがたま》）、伊勢神宮（八咫鏡《やたのかがみ》）、熱田神宮（草薙剣《くさなぎのつるぎ》）に祀られているというのは、考えてみれば、かなり不思議なことだ。

平安時代には、冷泉《れいぜい》天皇が八尺瓊勾玉を見ようとして箱を開けたところ、怪しげな煙が出てきたので恐れのあまりに見るのを断念したという。また陽成《ようぜい》天皇は、草薙剣を手にした瞬間に剣が光り、驚いて投げ出すと剣が自ら鞘に戻っていったそうだ。さらに江戸時代には、熱田神宮の神主が剣の箱を新調する際、数名の果敢な宮司が本物の剣を見ることに成功するものの、その後に神主は島流しにされ、他の宮司は呪いによって殺された……という逸話もある。

正倉院にも同じことがいえる。世界遺産に登録されるにふさわしい価値の高さを誇るその高尚な文化財を、ぼくたちは年に一度しか見ることを許されない。普段は勅封《ちょくふう》、つまり天皇の命令によって封印されていて、見たことがない人にとっては「何だかよくわからないけど、すごい物が保存されている」といった、ある種の神秘性を高める結果になっている（もちろん、すごい物が保存されているのは間違いないのだけれど）。

正反対なのがイギリスだ。観光名所で有名なロンドン塔のクラウン・ジュエルでは、王室が現在でも戴冠式などで用いるさまざまな装飾品が展示されている。王や王女が身につける金糸のマントや職杖、世界最大級のダイヤモンドが埋め込まれた有名な冠といった豪華絢爛な国宝の数々を、入場料さえ払えば誰でも見ることができる。ほかにも、王室の美術品を展示するクイーンズ・ギャラリーや、王室が所有する馬やそれを管理する人々が暮らすロイヤル・ミューズなど、とにかくさまざまなものが開かれ、公開されている。

このスタンスの違いを考えたとき、日本人の深層には、いまだに「目に見えないもの」に対する畏怖や崇拝の念があることを実感すると同時に、「そういう空気感」を大事にする側面があることも否定できない。要するに、三種の神器を天皇が見ていようがいまいが、そもそもそれ自体が実在しようがしまいが、極端にいえばどちらでもよい、という発想だ。

こうした発想の背景には、日本が培ってきたハイコンテクスト文化の一端を垣間見ることができる。ここでいうコンテクストとは、コミュニケーションの基盤である共通の知識や経験、価値観のことを指す。そうしたコンテクストの共有性が高く、あえて言葉を交わさなくても相手の意図を察し合える環境はつまり、ハイコンテクスト文化の発達を意味する。平たくいえば、「いわなくてもわかるだろ」というのが通用する環境のことだ。

〝おまかせ〟文化が浸透し、「空気を読む」「一を聞いて十を知る」ことが当たり前とされる日本は、間違いなくハイコンテクスト文化の国である。日本ではむしろ言語そのものよりも、話者の声のトーンやちょっとした仕草、はたまた地位や立場までも汲み取ろうとする傾向が強い。こうした文化が発達した日本において、三種の神器や正倉院は、だからこそ成立する秘仏の在り方といえるだろう。

史実によると、草薙剣は壇ノ浦の戦いで安徳天皇とともに沈んだことになっている。そうであるならば、いまでも壇ノ浦に沈んだままかもしれない。しかしそこはあえて宙に浮かせたまま、在るものとして本質をまとわせていくのが、日本人が古来伝承する根本思想なのだ。

一方で、アメリカやヨーロッパの多くの国々には、あくまでも言語に依存するローコンテクスト文化が根づいている。コミュニケーションの価値のほとんどを言語に置いているから、日本人が不得意とする論理的思考力やディベート力、交渉能力に優れているのが特長だ。そしてグローバル化が目覚ましい現代においては、こうしたローコンテクスト文化の重要性が叫ばれている。当たり前のことだが、異なる文化、経験、歴史、価値観がひしめく国際社会においては、「いわなくてもわかるだろ」といったハイコンテクスト的理論は通用しない。

しかしながら、ぼくは、非言語的コミュニケーションともいえるハイコンテクスト文化こそが、じつはこれからの日本の強みになるのではないかと思っている。なぜなら、言語的にコミュニケートできるものは、近い未来にすべてＡＩ（人工知能）に代替されてしまうからだ。言葉にできない曖昧さ、行間、空気感こそが、いまのところはＡＩが勝機を見出せないでいる〝人間っぽさ〟にほかならない。つまり、三種の神器のような代物は、ＡＩにはつくれないということなのだ。

ちなみに、日本でも過去に、封印された「目に見えないもの」を無理やりこじ開けた人物がいる。哲学者であり東洋美術史家として知られるアーネスト・フェノロサである。

フェノロサといえば、明治時代の日本美術に深い関心を寄せ、岡倉天心らとともに東京美術学校（現・東京藝術大学美術学部）の設立に尽力するなど、その分野において貢献した人物だ。日本画をはじめ、寺院や仏像などの芸術性の高さを日本人に説き、文化財保護や国宝の概念を形成した点でも、フェノロサの果たした役割は大きい。

そんなフェノロサが、岡倉天心らに同行して、近畿地方の古社寺宝物調査を行なった際の話だ。当時、法隆寺の夢殿には、七世紀ごろにつくられたと推定される救世《ぐぜ》観音が収められていた。しかしながら、姿を見ることが許されない秘仏で、長きにわたり法隆寺の僧侶ですら拝むことができない代物であった。僧侶たちは天罰がくだることを恐れ、誰も夢殿に近づかなかったという。

そんな法隆寺の夢殿を開帳するために、明治政府の許可を得てフェノロサ一同が訪れた。寺側は頑《かたく》なに拒んだが、長時間にわたる交渉の末、じつに二百年ぶりに扉が開く。厨子《ずし》を開けると、そこには幾重もの木綿で覆われた観音像が横たわっていた。四〇〇メートルにも及んだ木綿をすべてはぎ取ってしまうと、救世観音が畏怖を抱くような笑みを浮かべて現れたという。

そのときの興奮をフェノロサは、「二百年間用ひざりし鍵が錆びたる鎖鑰《さやく》内に鳴りたるときの余の快感は今に於いて忘れ難し」と、のちに『東亜美術史綱』（有賀長雄訳、フェノロサ氏記念会）で語っている。

フェノロサはこのときの功績を称えられ、夢殿は現在、春と秋の年に二回開帳されている。当たり前だが、過去の逸話にあるような祟りにあうことはなかった。

日本ほど四季がはっきりした国は珍しい

あらためて考えてみても、神道が日本という国の国家形成に与えている影響は計り知れない。それでは、なぜ日本では神道のような自然崇拝がそこまで根づいたのだろうか。これはやはり、日本の特異な気候条件や地政学的なもの、またそれらが形成する自然環境が大きく影響しているのだろう。一神教の起源が砂漠にあると考えれば、多彩な自然に恵まれた日本で八百万の神々が崇拝されつづけてきたことは、当然の成り行きなのかもしれない。

第一に気候である。現在の日本は北から南まで連なる島々で形成され、温帯のみならず、亜熱帯から亜寒帯に近いあらゆる気候風土を包含している。この小さな国土でこれだけ多様な気候の分化が見られることは、たとえば広大なアフリカ大陸に地域ごとの気候の特色がさほどないことを考えると、それだけで意味深いものがある。もちろん、四季があることも大きなポイントだ。近ごろでは「四季があるのは日本だけではない！」という声も聞かれるが、日本ほど四季の移り変わりがはっきり現れる国は珍しく、また日本人ほどそれをありがたいと感じる民族はいないのではないか。

日本の四季の特質については、季節風、さらには大陸を仰ぐ環海の島国であることも無関係ではないだろう。日本は、その東に太平洋、西にユーラシア大陸という、世界でもっとも大きな海と大陸に挟まれている。そうした位置にあって、四方に生じる大規模な気団（広域にわたって気温や水蒸気量が一様な空気の塊）、それに伴う季節風の影響を受けるだけでなく、国内においても背骨のような山脈を境に日本海側と太平洋側で大きく異なる気候の特色をもつ。もちろん、海流も関係している。日本列島の日本海側が北海道の道東や東北地方の太平洋側に比べて気温が高いのは、日本海を流れる対馬暖流の影響である。要するに、日本の気候は大陸的・海洋的な要素が複雑に絡み合い、また起伏に富んだ地形から国内でも地域によって気候の差が著しく、季節や天気、その移り変わりにおいて、世界的に見てもじつに多彩を極めているのだ。

こうした環境下で暮らしてきた日本人が、つねに移ろいゆく季節や天候に向き合い、その知識と感受性を育んできたことは疑いようがない。「雨」一つを例にとっても、「春雨」「秋雨」「夕立」「五月雨《さみだれ》」「梅雨」「時雨《しぐれ》」「氷雨」といった具合にたくさんの呼び名があり、その数は四〇〇語を超えるとまでいわれている。また、四季への愛着や感性も他の国には類を見ない。桜が開花したときの高揚感。縁側に置いてあるスイカの夏休みっぽさ。スズムシの声の懐かしさ、吐く息が白く見えるときの年の瀬感。そうした象徴的な何かを通して、ぼくたちは新たな季節の訪れを感じずにはいられない。

多彩な気候や複雑な地形がもたらす植生の多様さにも目を見張る。都心に住んでいるとあまり実感することはないが、日本は国土面積の約七割を森林が占めており、いまなお豊かな自然環境を有している。高山から海岸までさまざまな立地に応じた多様な生物相が形成され、シダ植物以上の高等植物だけでも約六〇〇〇種類以上の植物が生い茂っているそうだ。また、気候条件が植物の生育に適しているということは、植物の生長が速く、災害や人為的な破壊があっても再生が見込めるということだ。そういう意味では、日本の植生はなかなかタフであるといえる。

植生の多様性は、そこで生きる生物の多様性にもつながる。自然保護団体「コンサベーション・インターナショナル」が定める世界三六エリアの生物多様性ホットスポットには、全世界の植物・鳥類・哺乳類・爬虫類《はちゅうるい》・両生類の約六〇％が存在しており、じつは日本もそのなかに含まれている。

こうした多様な気候風土、それが育む植生・生物に囲まれて、先人たちは鋭敏な直感的洞察力をもって、それらと向き合ってきた。空の色、波のうねり、鳥の声から、つねに変化する環境に対応するための知識を身につけると同時に、自然の脅威の奥行きと神秘性を理解し、独自の感受性を身につけた。それがわかりやすくかたちとなったのが神道であり、「もののあはれ」といった日本人独自の概念だろう。そしてそこから、「わび・さび」という美意識が生まれるのだ。

現代デザインが体現する「わび・さび」精神

「わび・さび」。「知っているようで知らない」の典型のような言葉だ。アメリカの編集者であるレナード・コーレンでさえ、一九九〇年代に大ヒットした著書『Wabi-Sabi』（邦訳『Wabi-Sabi わびさびを読み解く』ビー・エヌ・エヌ新社）のなかで、日本人においては「歴史を通じて、わびさびを頭で理解するということは、意図的に阻害されてきた」と解説している。日本人だからこそ、言葉にできないけれど感覚的に理解できる。そんな曖昧なわび・さびの概念について、いま一度おさらいしてみよう。

まず、「わび」と「さび」は違う。意味はもちろん、その発祥も異なる。「わび」とは閑静な生活を楽しむこと。あるいは、不足のなかに心の充足を見出そうとする意識。その言葉自体はすでに『万葉集』のなかで確認できるものの、美意識的な概念として確立したのは、ご存じのとおり、千利休その人である。

記録では、千利休が初めて茶会を催した際、珠光《じゅこう》茶碗と呼ばれる技術的に不完全な青磁を用いたことが記されている。これは、千利休が師事した武野《たけの》紹鷗《じょうおう》、さらに彼の心の師匠である村田珠光らが追求した「不足の美」という概念に基づき、日常生活で使う雑器などをあえて茶会に用いて、茶の湯を簡素化することが目的だった。庭の竹藪《たけやぶ》に生えた竹で花器をつくって客人をもてなしたり、茶室の掛け軸に禅の「閑寂枯淡」を描いた水墨画を選んだり、楽茶碗《らくちゃわん》などの新たな茶器を創作したりと、利休の〝茶の湯革命〟は枚挙に暇がない。それらを通じて、茶と向き合う人々の精神的充足と、もてなしに現れる心の美しさへの追求に人生を捧げた。その真髄にあったものが、まさに「不足の美」とするところの「わび」という美意識だった。

一方で、「さび」が言葉として登場したのは、意外にも千利休没後の江戸時代である。もっとも『徒然草』のなかには古くなった冊子を味わい深いとする記述があり、その概念は江戸以前から人々に根づいていたと思われる。つまり「さび」とは、経年劣化で質や見た目が衰えた様子を美しいと感じる美意識のことだ。

「さび」の美意識は日本の仏閣、古民家などの建築物から骨董品といった美術品まで、あらゆる物に対して抱かれるものだが、その極致は東大寺の二月堂練行衆盤《れんぎょうしゅうばん》だと思う。

東大寺二月堂では、毎年三月に修二会《しゅにえ》と呼ばれる行事が催される。あらゆる災厄を取り除いて人々の安泰を願うもので、行中は、若狭井《わかさい》という井戸から観音様にお供えする「お香水」を汲み上げる「お水取り」が行なわれる。東大寺の長い歴史にあって、じつに千二百五十余年も続く荘厳たる儀式である。

その際、籠りの僧侶が食堂で食器類を載せるために使用する盆が、二月堂練行衆盤だ。通称「日の丸盆」と呼ばれる円盤の什器《じゅうき》で、いわゆる根来塗《ねごろぬり》の美の極みである。洗練された造形美はもちろん、七百年以上もの長い歳月を経て生じた漆器の剝げ、その黒漆と朱漆が描く模様が、じつに味わい深い。これを感性に響くものとして伝承してきた先人たちの美意識がまた、このうえなく美しいと思う。

こうした美意識の総称を「わび・さび」と呼ぶ。世界的に見れば珍しい感性なので、一九八〇年代あたりから注目されるようになった。海外のもので比較してみると、ヨーロッパのアンティーク骨董などが似た部類ではあるが、「わび・さび」はもっと概念的なものだ。歴史的な視点で価値を見出すのがアンティークだが、「わび・さび」は年月の経過による物質の変化に人生そのものを見出すような共鳴を抱く。また、お隣の朝鮮半島では、李朝白磁という陶器が有名だ。しかし、その完璧なまでに美しいフォルムや純白な清楚さは、「わび・さび」のそれとはある種、正反対の様相を呈する。朝鮮半島における白磁の歴史は王朝や儒教と深い結びつきがあるがゆえに、その洗練度、高貴さ、優雅さにおいて完成度が非常に高く、その非の打ちどころのなさがよしとされる文化が継承されている。どちらかといえば、そうした文化のほうが世界では多数派であって、ここにまた、不完全なものをよしとする日本人の感性の異質さが際立つことになる。

日本人の多くは「わび・さび」をうまく言葉では説明できないけれど、それを感覚で理解し、現在まで継承していることは間違いない。たとえばそれは、デザイン・プロダクツに大きく表れている。

いまや海外でも見かけることが多くなった無印良品は、もともと消費社会へのアンチテーゼとして生まれたブランドであり、そのコンセプトに「わび・さび」や禅との共通点を指摘されることが多い。良品計画の松崎曉《さとる》社長は「無印良品の商品は、無駄を省いた日本的な『わびさび』なものと消費者に受け止められ、特徴を出せている」（『日本経済新聞』二〇一六年三月二十日付）と述べているし、ブランド発案者の田中一光《いっこう》氏が茶道に通じていたことからも、ブランディングにそうした意図があったのは疑う余地がないだろう。実際のところ、シンプルを突き詰めたデザインは強い。無駄な装飾を省いた洗練性はもちろん、コンテンツの魅力をダイレクトに伝えられるし、見た人に強烈な印象を残す。アメリカにはミニマリズムという思想があり、「わび・さび」ともよく似ているが、「印象を残す」という点において少し違う。たとえばデザインにおける余白の使い方、日本庭園の非対称性から見る自然との調和性、暗闇から美を見出す「陰翳礼讃《いんえいらいさん》」の流儀。これらはやはり「わび・さび」ならではの世界観であり、シンプルの先に広がる自由で奥深い情景を感じ取ることができる。

デザインの第一人者であり、無印良品のポスターも手掛けた原研哉さんは、『デザインのデザイン』（岩波書店）のなかで『陰翳礼讃』の羊羹の描写について触れている。日本家屋の薄暗がりのなかで、同じように暗く曇った色をした羊羹《ようかん》を口に含む。すると、あたかも室内で暗闇が一つの甘い塊になって舌先で溶けるのを感じ、味に深みが加わる。羊羹の菓子の本質はここにあるという、谷崎潤一郎の有名な一節だ。原さんは、これを「日本的な感性に対する優れた洞察」であると同時に、「デザイナーとしての現在の自分には、むしろ厳しい西洋化を経て到達し得た日本デザインの花伝書に見えた」と評している。日本のデザインの未来を考えたときに、「世界の普遍的な価値に寄与できる日本の冴えた側面を自覚していくこと」に意味を見出した、という。

原さんの気づきは、冒頭で述べた、自分たちが「何者であるか」を確認することの重要性に通じるものがある。歴史を知ることはもちろん、自らの深層に根づいている「わび・さび」という概念を改めて探求することによっても、新たな発見があるかもしれない。ぼくは

「わび」も「さび」も、その精神を日常生活に応用したとき、よりのびやかで自由な境地に達することができると思っている。それはまさに、茶の極意を「自由と個性なり」とじつにシンプルな言葉で表現した千利休が実践してきたことでもあるのだ。

第3章

「日本人の脳の使い方」をクオリアから学べ

なぜクオリアがライフワークになると思ったか

たとえば、目の前にリンゴが一つあるとしよう。そのリンゴを見て、大半の人は「赤い」と感じるだろう。でもその「赤い」は、はたして他の人が感じている「赤い」と同じなのだろうか？

たとえば誰かと食事をしていて、「素晴らしい味のパスタだね」と、おいしさを共有する。でも、その「おいしさ」そのものについて、二人は同じ感覚を共有しているとは限らない。パスタの味、りんごの赤さ、あるいは石鹸《せっけん》の匂いやヴァイオリンの音……こうした人間の心のなかで感じる無数の質感のことを、脳科学では「クオリア」という。そしてこのクオリアは、いまだにその原理が解明されていない人類の大きな謎の一つだ。

脳とコンピュータは、どちらも情報を扱うためのツールである。しかし、両者が扱う「情報」の質が同じではないことは、みなさんもおわかりになるだろう。たとえばコンピュータに「DOG」と入力すれば、「犬」という言葉を瞬時に引き出してくれる。一方で、「DOG」が文章のなかに組み込まれていて、特殊な意味づけをされた場合、コンピュータはそれを読み取ることができない。その「意味」を汲み取るのが個人の感性であり、その感性の出発点になるのは脳で感じる「感覚」にほかならないのだ。それに大きくかかわるのがクオリアで、つまり個別性が非常に高いものである。個人の感性や主観がどのように形成されるのか、それは「私」という存在自体の本質にかかわる問題だ。当然、哲学的な側面も不可欠になるだろう。クオリアは、第一義的には脳科学上での概念だが、「人間とは何か」を考えるうえでも非常に大切な概念なのである。

ある種の心的現象ともいえるクオリアの存在は、数値化できるものだけを研究対象としてきた近代の科学主義においては、ほぼ無視されてきたといってよい。デカルトは心的現象と客観的物理現象を分離させ、後者のみを自然科学の対象とする方法論を打ち立てた。ぼくの専門である脳の分野でもまた、「脳は機械である」という見解のもと、「感覚」や「感性」は存在しないかのように研究が進められてきた。しかし近年、脳科学の発達に伴って、クオリアを生み出す脳内機構が解明されつつある。数値で表せないクオリアを研究対象とすることで、科学自体の在り方の変化を、多くの人たちが期待するようになってきたのだ。

そういうわけで、現在、意識を研究する学会でクオリアに関する議論がさかんに行なわれている。しばしばぼくも参加するが、ヨーロッパやアメリカの科学者たちとは、どうも意見を分かち合えない場面に遭遇する。というよりも、「ぼくが考えるクオリア論には、独自の視点があるのかもしれない」というようなことを、ある時期から感じるようになった。自らの「クオリア」のニュアンスが、他の国の科学者とは明らかに違う。それが生まれ育った国の文化の違いによるものであることに気づいたとき、あらためて、このクオリア論が自分のライフワークになることを確信せざるをえなかった。

たとえば、「蛍」のことを英語で「ファイアーフライ」という。これは「火が燃えるように光っているハエ」という意味で、英語圏の人は、蛍をそのような珍しい特性をもつ虫だと認識していることが窺える。しかし、日本人が「蛍」といったとき、そこには一つの物語が生まれる。「ゲンジボタル」「ヘイケボタル」のように、古くから日本文学のなかで象徴的に描かれてきた蛍からは、しっとりとした情感を伴った風景が連想される。こうした感覚を、当然のことながら英語圏の人は理解することができない。むしろ、クオリアという質感的な側面において、日本人のような独自の繊細さを持ち合わせている民族はほかにいないのではないかとすら思う。

このような日本人独自のクオリアの形成に、国土の自然環境や地政学的な条件が大きく関係していることは、これまでの章でお話ししたとおりだ。辺境という立ち位置と豊かな自然環境によって生まれた調和性、多様性、「もののあはれ」や「わび・さび」といった美意識は、長い歴史のなかで脈々と受け継がれてきた。〝クールジャパン〟のきっかけとなった漫画やアニメ、日本食、さまざまなプロダクツの根幹には、そうした古い歴史が形成してきた日本ならではのクオリアが不可欠である。

しかし、そこから逸脱する時期がなかったわけでもない。たとえば一九八〇年代のバブル期。当時は「記号的消費」が世間を席巻していた。フランスの一流店が日本に店を出せばこぞってみなが足を運んだし、とにかくハイブランドの服や時計やバッグを身につけることが好まれた。一流の服を着て、一流のレストランで食事をする。ほんとうにその服が好きなわけでも、それを食べたいわけでもなく、「そういうことができる人間」であることを他者に誇示したい気持ちが強かったように思う。

もっとも経済的な観点で考えれば、それもある程度は意味のある行為だ。消費行動には得てして自己顕示欲が潜むものであり、それを満たすことによって得られる充実感もある。しかし、そうした行為は長続きしない。人間の脳にとって、あるいは人間の生命にとって長く必要とされる価値観は、クオリアに沿うものであるとぼくは考える。

バブル期が終わり、極端な節約志向も底が見えてきた感のある現在、時代はクオリアに寄り添ってきている。つまり、自分が素直に心地よいと思えるものに対しての正当な評価や消費が見直される時代がやってきたのだ。経済が成熟するほど、人はより繊細で高度なクオリアを求める。それは、世界規模に見るライフスタイルの多様化や、それが導く自己探求と決して無関係ではないだろう。日本発の「Zen」や「Wabi Sabi」が外国人の心を捉えたのは、ある意味では必然的な時代の流れの象徴といえるのかもしれない。

禅や「わび・さび」に詳しいのは、いまは日本人よりもむしろ外国人だなどといわれるが、日本で生まれ、育つ限りは、それらを感覚で理解できるクオリアを備えている点で日本人はとてもラッキーだと思う。この事実にどのように向き合い、自分の人生に活かしていくかはその人次第。でも、自分にそうしたクオリアがあると自覚するだけで、たとえばおいしいものを食べたり、どこかへ旅行に出かけたりしたときに、その喜びをより立体的に感じられるのではないだろうか。

異常に多い食感を表す日本語のオノマトペ

日本人が桜の開花や紅葉に寄せる情熱は、世界的に見てもユニークである。多くの外国人は、まず桜の開花情報がニュースで配信されることに驚きを隠せない。さらに、前日からの場所取りだ。ピクニックの習慣があるわけでもないのに、桜や紅葉といった〝季節もの〟、一瞬で終わってしまうものとなると、とたんに全力で愛でるスタンスへと転じる。客観的に見てみれば、そうした日本人独自の四季との向き合い方に外国人が疑問を抱くのも無理はない。

桜や紅葉のついでにいうと、「桜がパッと咲いた」「葉がはらはらと舞う」といったオノマトペが日本語で豊富なことも、クオリアと無関係ではないだろう。「パッ」「はらはら」「サクサク」「しくしく」「どよ〜ん」「ドボン」「まったり」「ブーン」「ゴゴゴゴゴ」。日本語で現存するオノマトペの数は、じつに二〇〇〇語以上にのぼるといわれる。言語学者である窪《くぼ》薗《その》春夫さんは、『オノマトペの謎』（岩波科学ライブラリー）のなかで「イギリス人は動詞で泣く、日本人は副詞で泣く」という言葉を引用している。泣き方の違いを、英語ではcry（泣く）、weep（涙を流す）、sob（すすり泣く）と動詞で表すのに対し、日本語では「ワーワー泣く」「めそめそ泣く」「しくしく泣く」といった具合に、副詞としてのオノマトペで表す場合が多いという。

日本語におけるオノマトペには、そのまま物の名称になっているものも無数に見かける。

赤ちゃんをあやすときの「ガラガラ」、アイスの人気商品は「ガリガリ君」、自然界では「ミンミンゼミ」「ガラガラヘビ」「ペンペン草」、トレンドの「ゆるふわヘア」や「もちもち食感」。それから世界中でブームを巻き起こしたポケモンの「ピカチュウ」もまた、稲妻を表す「ピカッ」と、ネズミの鳴き声「チュー」を組み合わせたオノマトペ由来の名前だ。多くのポケモンが外国語版に名前を変換されるなか、ピカチュウだけは世界中どこへ行っても「ピカチュウ」だそうで、たしかに外国語に翻訳するのはどう頑張っても難しそうである。

このように、日本語におけるオノマトペは、ぼくたちの生活に密着し、もはやなくては会話が成り立たないほどに言語として定着している。そしてその数は極めて多く、それどころか「ゆるふわ」のような新しいオノマトペも着実に増えている。窪薗さんは同書で、最近できたオノマトペの「モフモフ」に着目している。これまでは柔らかい物を「フワフワ」で表現するのが一般的だったが、新しく使われるようになった「モフモフ」という言葉を初めて耳にしたとき、「フワフワより暖かい感じになるのかな」と、その言葉の意味するところを直感的に理解できたそうだ。「『フワ』ではなく『モフ』だというだけで、これほどに微細な違いを感じ」、共有できる点は、ほんとうに驚くべきことだ。日本人独自の繊細なクオリアが、こうしたところにも表れている。

それでは、世界のオノマトペ事情はどうかというと、じつはオノマトペを多用している言語は各地に点在している。もっともオノマトペはその研究自体が途上にあり、どの国にどれだけのオノマトペがあるかは「諸説あり」の段階であることを最初にお断りしておくべきだろう。そのうえで、現在把握されている世界のオノマトペを見てみると、圧倒的にインドとアフリカの少数民族の言語に多い。たとえば、南インドや東南アジアの一部で話されているタミル語や、西アフリカのヨルバ語、ナイジェリア南東部などのイグボ語のオノマトペの数は「無制限」、南アフリカ共和国のズールー語は三〇〇〇語以上あることがわかっている。

こうした調査結果から、オノマトペが多い国は「未開・未発展の地域に多い」という仮説が存在する。実際に、英語や中国語、フランス語、ドイツ語、スペイン語などの〝都市言語〟のオノマトペは、それほど発達していない。さらにそうした都市言語では、わかりやすく簡単なオノマトペは「子どもが使うもの」という認識がある。また、近代化が目覚ましい南アフリカ共和国のズールー語はオノマトペが衰退しているという報告もあり、言語学者の窪薗さんの見解をもってしても、「オノマトペ＝未開の地の言葉」説は「まんざら空論とも退けられない」というのが妥当なところだそうだ。

しかし、ここで大きな問題となるのが日本語と韓国語のオノマトペの多さである。両国とも紛れもない先進国であるにもかかわらず、日本語のオノマトペは二〇〇〇語以上、韓国語に至っては五〇〇〇語以上と、その数の多さは群を抜いている。この理由に関してはいまだ検証中とのことだが、ぼくとしては、いくつかある仮説のうちの一つである「オノマトペはアニミズム文化に多い」というものを支持したい。古来、日本に根づくアニミズム文化についてはすでに触れたとおりだが、儒教や仏教が伝わる前の古代朝鮮でもまた、シャーマニズムやアニミズムがさかんだったといわれている。そうした土壌で、風の音、星の輝き、花の散りざまといった自然界の「声」に対するオノマトペが生まれるのは、言語の成り立ちとしてはとても自然なかたちであるような気がするのだ。

一方で、日本語と韓国語のオノマトペにも大きな違いがある。それは、食にまつわるオノマトペの数だ。具体的にいくつあるかは定かではないが、食感を表す日本語のオノマトペは異常なほど多く、美食大国とされるフランスや中国はもちろん、オノマトペの総数が倍以上ある韓国とも比べものにならないほどだ。韓国に食のオノマトペが少ない理由の一つには、食文化の性質が挙げられるだろう。ビビンバや鍋料理など、さまざまな食材を混ぜて味わう文化が発達した韓国では、一つひとつの食材を楽しむことに重きを置く日本に比べて味の表現が少ないのもうなずける。

もっとも、韓国が少ないというよりは、日本が多すぎるという言い方のほうが適切だろう。テレビの食レポは「まったりしてますね〜」「サクサク感がたまらない！」といった具合にほぼオノマトペで成り立つようなコメントのオンパレードで、その感覚の共有が困難な外国人にとってはおおよそ理解できないような内容になっている。

食にまつわるオノマトペの豊富さは、そのまま食文化の多彩さにつながるといって差し支えない。ふわとろのオムライス、キンキンに冷えたビール、こってり味のラーメン。柔らかくて適度な粘度のあるもの、そんな言葉にできない「質感」を「ふわとろ」などのオノマトペで表現することは、ある意味ではクオリアの言語化といえるかもしれない。日本という先進国の、日本語という言語がしっかりと確立されている環境で、並行してオノマトペが定着・増加しているという状況を鑑みたとき、クオリア大国の一端を垣間見ることができる。

また、「子どもが使うもの」としてオノマトペを切り捨ててきた先進国と比べたときに、日本の柔軟性、あるいはある種の合理性を感じずにはいられない。かつて「女性や庶民が使うもの」に限定されていた平仮名も、その流麗さと手軽さという観点から公式な文字として受け入れられた。オノマトペも日本では子どもから大人までが親しみ、日常的に使われている。それに、日本の漫画の豊かな表現力は、独特の発展を遂げたオノマトペがその一端を担っていることは間違いない。ぼくたちはオノマトペで「言葉にできないあの感じ」を共有することで、コミュニケーションをより深く、楽しく、そしてスムーズに行なっているのだ。

大吟醸も生んだ！　世界が驚くサタケの精米技術

日本が「モノづくり大国」として頭角を現したことは、その土壌に発達したクオリアがあることを考えれば、とても自然なことだ。質感の細部へのこだわりは、わずかなズレをも察知する鋭い感覚を育み、細かい作業を続ける忍耐力や仕事への誠実さを養った。日本では当たり前とされるこのような匠の仕事ぶりは、じつは外国ではあまりお目にかかれない。独自の細やかなセンス、忍耐力、正確性などを通じ、質の高いモノづくりが日本で伝承されつづけているという点において、シリコンバレーのＩＴイノベーションに匹敵するほどの難易度をもっていると思う。

あらためてぼくがそれを実感したのは、先日、「サタケ」という企業を取材した際のことである。サタケは、米やとうもろこしなどの穀物を中心に、食品全般にかかわる加工機械の製造・販売を行なう広島の会社だ。収穫から調整加工、精製の全工程で使用される設備を生産し、国内はもちろん、世界約一五〇カ国にそれらを供給している。なかでも有名なのが精米機で、一部の国では精米機を「ＳＡＴＡＫＥ」と呼ぶほど認知度が高いという。

サタケの誕生は一八九六年、創業者である佐竹利《り》市《いち》氏が日本初の動力式精米機を発明したことに端を発する。当時、農村では足踏み式の唐臼《からうす》を使った精米が主流だったが、佐竹氏は天秤の杵《きね》を動力で上下させ、日本で初めて精米機の機械化に成功した。砥《と》石《いし》ローラーを利用して米を「削る」という画期的な精米方法も、佐竹氏のアイデアによって生まれたものである。

続く二代目・利彦氏が社長に就任するころには、世の中は昭和の戦争期に突入しており、軍人の脚気《かっけ》予防のために胚芽米の必要性が叫ばれていた。そこで利市氏・利彦氏の親子で開発したのが「横型研削式胚芽米搗精機《とうせいき》」という機械だ。砥石ローラーの回転速度と搗精圧力（玄米を搗《つ》いて白くする圧力）を調整することで、米から胚芽を残して糠《ぬか》のみを削り取るという、驚異的な精米技術を可能にした。これが、現在も世界約一五〇カ国で愛用されている精米機の原型である。

この精米技術は、じつは大吟醸の誕生のきっかけにもなっている。精米歩合（米を削って残った部分）を五〇％以下にキープするという大吟醸の製造法は、サタケの精米機がなくては達成しえなかったものだ。サタケはそのほかにも、精米技術と製粉技術を掛け合わせた「精麦製粉システム」が世界から評価されている。このシステムで製粉した小麦粉は、農薬や菌が付着した外皮の混入が少なく、小麦粉の白色度が非常に高い。それだけでなく、マグネシウムやビタミン、ミネラルなど、製粉された小麦粉の栄養素が豊富であるという特徴をもっている。こうした技術が、小麦からとうもろこし、その他のさまざまな穀物へと応用され、世界各国に取り入れられるまでに至ったのだ。

想像してみてほしい。彼らが向き合い、品質改良に切磋《せっさ》琢磨《たくま》しているのは、一センチメートルにも満たない米一粒、ミクロ単位の粉粒体である。そうしたものの精製、加工をいかに極限まで高められるかを突き詰めるその精神性は、まさに日本のモノづくりを象徴しているかのようだ。

ある工場で働く人が、「海外から来た従業員たちに、作業中に発生する微妙なズレを説明するのが難しい」と悩んでいた。仕事ができる、できないという問題ではなく、日本人だけが感覚で理解できる質感や細やかさが、間違いなくあるのだという。ぼくはそれに深く同意する。そしてそのように発達したクオリアには、モノづくりの枠を超えて、さらに大きな未来への取り組みを期待できるのではないかと思うのだ。

「創造性は集団に宿る」というトヨタの世界観

日本人は、海外の賞が好きだ。アカデミー賞をはじめ、ノーベル賞やグラミー賞などには毎年大注目する。アカデミー賞に日本の映画がノミネートされればテレビで連日報道されるくらいだし、ノーベル賞を日本人が受賞すれば、しばらくは国をあげてのお祭り状態となる。一方で、日本のアカデミー賞といえば、それなりに盛り上がりはするが注目度は本家の比ではない。アニメ映画『君の名は。』は大ヒットして話題になったが、日本アカデミー賞・アニメ作品賞を逃したことについてはそれほど報道されなかった気がする。

外国の権威づけには、宗教的な背景も関係しているのかもしれない。少数のスターがアカデミー賞やノーベル賞を受賞することで神格的な存在感を確立し、その他の群衆がそれをめざしてステージアップしていくヒエラルキーの構図は、一神教であるキリスト教やユダヤ教やイスラム教の構造と似ている。それはまた、ヨーロッパの絶対王政期において広く浸透した王権神授説とも通じるところがある。国王の権力は神から与えられた神聖不可侵なものである、という政治理念は、オスカー像を象徴とする世界観と、どこか重なりはしないだろうか。

日本において、そうした権威づけに対して徹底的な嫌悪感を示しているのが、日本の国民的作家の一人、夏目漱石だ。文部省より授与された文学博士の学位を辞退し、世間の賛否両論を引き起こしたのは有名な話である。漱石は、「道楽と職業」と題した講演のなかで、博士についてこう語っている。

「あなた方は博士というと諸事万端人間一切天地宇宙の事を皆知っているように思うかもしれないが全くその反対で、実は不具の不具の最も不具な発達を遂げたものが博士になるのです。それだから私は博士を断りました。(中略)内情をお話すれば博士の研究の多くは針の先きで井戸を掘るような仕事をするのです。深いことは深い。掘抜きだから深いことは深いが、いかんせん面積が非常に狭い。それを世間ではすべての方面に深い研究を積んだもの、全体の知識が万遍なく行き渡っていると誤解して信用を置きすぎるのです」(『私の個人主義』講談社学術文庫)

ここでは、学者という立場に置かれながら、「区役所へ出す転居届の書き方」や「玉子豆腐はどうしてできるか」などの「普通のこと」を知らない漱石自身もまた「不具の一人」であると訴える。漱石の極めて強い反権威主義は、「末は博士か大臣か」などといわれた時代において、ある人には不愉快に、ある人にはじつに爽快に響いただろう。そして、このような権威に対する嫌悪、あるいは無関心さは、じつは日本人の深層に古くから根づいている、というのがぼくの考えだ。

その根拠には、やはり八百万の神を崇拝する神道の存在がある。自然との調和性を重んじる精神は、権威に固執せず、何かを極端に神格化することを好まない文化や政治の在り方にも現れている。伊勢神宮がよい例だ。皇室の祖先とされる天照大御神《あまてらすおおみかみ》に内宮《ないくう》を捧げ、三種の神器の八咫鏡を蔵する伊勢神宮は、日本でもっとも神聖で〝権威ある〟神社にちがいない。それにもかかわらず、「お伊勢さん」という愛称で呼ばれ、古くは「お蔭参り」などの民衆運動の発祥ともなった。現在も多くの日本人が伊勢神宮を訪れるが、それは必ずしも神道の教義の敬虔な信者だからというだけではない。その多くは、あくまで文化的経験の一つとして足を運ぶのである。

政治体制についても、そうした日本人の片鱗が見てとれる。たとえば、鎌倉幕府を開いた源頼朝は、権力を手に入れたにもかかわらず、それまでの政治制度を白紙にせず、かつての坂上田村麻呂《さかのうえのたむらまろ》などがついた征夷大将軍《せいいたいしょうぐん》を復活させた。それ以来、一八六七年に徳川慶喜《よしのぶ》が政権を返上するまで、制度上の武家政治のトップは征夷大将軍になっている。これは、権力者が代わるたびに、それまでの制度を一掃してしまうヨーロッパの〝歴史あるある〟とは真逆のスタンスだ。日本にはたしかに、過去の行ないを否定する「革命」ではなく、伝統を本歌取りしながら政治を運営する風潮がある。それはまた、古来から根づく文化や宗教観といった、日本独自の価値観の伝承にも大きく貢献しているだろう。

そういう意味では、天皇の存在は、権威づけに興味がない国民性の土壌になっているとも考えられる。絶対的な「権威」である天皇の統治下において根づいたものは、権威づけへの無関心、つまり、日本人特有の「平等性」にほかならない。

少し古いデータになるが、二〇一〇〜一四年に、世界六〇カ国の研究者によって実施された「世界価値調査」を引用したい。それによると、「新たなアイデアを考え出すこと、創造的であること、自分のやり方でできることが重要だ」という質問に、六〇カ国の平均七八・九％が肯定的に回答したのに対し、日本の二十九歳以下は四五・九％と低い数値をマークしている。また、「冒険することやリスクを冒すこと、刺激的な生活をすることは重要だ」という質問には、六〇カ国の平均六二・三％が肯定的に回答、日本の二十九歳以下は二二・八％と極端に低い。

こうした結果を見て、「近ごろの若者はおとなしい」「積極性がない」などという結論を導き出すのは早計だ。なぜなら、創造性があって自己主導的であることにも、冒険的に挑むことにも、年齢が上になればなるほど回答が否定派に偏る傾向にあるからである。とくに「冒険することやリスクを冒すこと、刺激的な生活をすることは重要だ」の質問には、三十〜四十九歳では八・四%、五十歳以上では五・六%と、肯定的な意見が極めて低い割合になっている。「近ごろの若者は積極性がない」のではなく、「日本人全体に積極性がない」ということが、調査結果に表れているのだ。

さらに同調査では、「将来の変化：権威に対する尊敬が高まることがよいことだと思うか」という質問も設けられている。その結果、六〇カ国の平均は、「よいこと」という回答が五五・一%、「悪いこと」が一三・一%。ところが日本においては「よいこと」が七・一%にすぎず、「悪いこと」が七四・〇%にも上るのだ。

経営コンサルタントの高橋克徳さんは、こうした調査結果を受けて、日本人は「フラットであること、人は対等であるという意識が強い国民性を持っている」（『みんなでつなぐリーダーシップ』実業之日本社）と分析する。そこには、権威よりも多様性を受け入れる日本人の国民性が見てとれるし、そうしたお互いの平等的な関係のなかで自分の個性を発揮するという意識は、仕事の現場でも垣間見ることができる。

たとえばトヨタの哲学がそうだ。ぼくは以前、トヨタ自動車の工場に取材でお邪魔し、その働き方に驚いた。トヨタの工場には、ＴＰＳ（トヨタ・プロダクション・システム）と呼ばれる独自のシステムが存在する。クルマを生産する際のアイデアや改善点を、みなで提案し合うというものだ。そこには、学歴の壁や所属による区別などがまったくない。中学校卒業の社員から大学院を出た社員までが同じようにＡ４用紙一枚の提案書にアイデアを書いて出す。そうして出したアイデアが採用されると、報酬として五〇〇〇円が支給される。ＩＴバブル真っ只中で、アイデア一つで数億円という市場が当たり前だった時代に、「とくによいアイデアには一〇万円がもらえるけれど、飲んですぐ使っちゃうんです」と楽しそうに笑っていたトヨタ従業員の方々が、とても印象的だった。

「どんな人間にも創造性が備わっている」

そんな哲学が徹底されたトヨタの働き方を考えたとき、ノーベル賞やアカデミー賞の世界観とそれが対極にあることに気づく。ノーベル賞やアカデミー賞の世界観はいわば、一部の天才がオリジナルなものを考え出し、それをもって世界を変えるという〝フィクション〟的な発想だ。一方でトヨタの世界観は、創造性や独創性は個人に備わるものではなく、衆知を集めて生み出していくというもの。ノーベル賞といった「権威」に日本人がいま一つピンと来ないのは、「一部の天才が世界を変えるなんてありえない。そこには多くの人のアイデアがあったはずだ」という発想があるからで、だからこそ、ぼくたちにはそうした世界が〝フィクション〟的に映るのだろう。

働き方の多様化により、近年、トップダウンという企業の管理方式が見直されつつある。大量生産を前提とした工業社会からＩＴの情報化社会へと変化するなかで、社会システムの構造そのものが変容したことも大きい。そうした流れを受けて、フェイスブックやアップルなどでは、現場でアイデアを出していた人間がトップに立つようになった。そんないまの社会では、現場で働く一人ひとりの小さいアイデアが重要になってくる。

「日本人は創造性に欠ける」「若者はチャレンジ精神がない」などといわれてきたが、それは見当違いだろう。平等性を重んじる気質を考えれば、日本人は本来、人間関係を大切にしながら何かをつくり上げることに長けている。そして、グローバルでボーダーレスな世界を生き抜かなければならない若者にとって、それは非常に大きな武器になるはずだ。

「落語的思考」がこの世界を平和へと導く

そう、人間関係を大切にし、互いに絶妙な距離感を保てることは、日本人の大きな長所だ。

ぼくのなかで、そうした日本人の気質が垣間見える芸術といえば、何といっても落語である。一つ、有名な『三方一両損』という古典落語をご紹介したい。

ある日、左官の金太郎が、書き付けと印鑑と三両のお金が入った財布を拾う。書き付けによると、落としたのは近所に住む大工・吉五郎。面倒に思いながらも、金太郎は財布を吉五郎のもとへ届けにいく。

吉五郎が住む長屋に着くと、吉五郎はイワシで一杯やっている様子。金太郎がなかに入って財布を差し出すと、「余計なことをしやがって！」と吉五郎。書き付けと印鑑は大事なものだからもらっておくが、金は落とした時点で自分のものではないから、三両は受け取れないという。これに対して、金太郎は「金がほしくて届けに来たわけじゃねえ！」と反論。たちまち受け取れ、受け取らないのケンカになり、見かねた大家が南町奉行所に訴えて、大岡越前守の調べが始まる。

事の成り行きを聞いた大岡越前守は、金太郎と吉五郎のさっぱりとした江戸っ子気質《かたぎ》に感心し、宙に浮いた三両を預かったうえで、正直の褒美として両人に二両ずつ与える。「金太郎も吉五郎も三両を手に入れられたところを、二両になったのだから、一両の損。こちらも二人に二両ずつ与えたことで、一両の損。三人が一両ずつ損して手打ちとし、これを三方一両損と申す」。こうして全員が気持ちよく納得し、大団円。『三方一両損』は、このような話だ。

みなが少しずつ損をして、平和的に話をまとめる。この折衷案的な――ネガティブに捉えれば「白黒つけない日本人」的な――和解の在り方は、日本人ならではの発想だと思う。しかしこうした発想が意外と、いまの時代に求められているのではないだろうか。

たとえば、イギリスやアメリカのお笑いだとこうはいかない。ドナルド・トランプ米大統領が「フェイクニュースばかり流すんじゃない！」と怒ると、メディアはすかさず「私たちは真実を伝えています」と返す。すると「私のカツラは真実ではない！」とトランプが反論し、メディアが「そこは徹底的に検証します！」と、トランプが強い風に吹かれているときの様子を最新の人工知能を使って解析したりする。いわずもがな、そこにはユーモアだけではなく、トランプ政権への批判という明確な主義主張も含まれている。

ぼくは以前、「日本のお笑いはオワコン（終わったコンテンツ）」と発言をして〝炎上〟を招いたことがあるけれど、主義主張のあるお笑いが日本には少ないのではないか、という問題提起を試みたにすぎない。しかしその後、ぼくなりにいろいろ考えて（炎上したこともあって）、日本には批判的コメディの上を行くお笑いがあることに気づいた。それが落語である。

落語が他のどの国のコメディとも決定的に違う点。それは、落語家が一人で演じることだ。大半の落語には、個性が強くて、違う立場に立っていて、異なる意見をもった人たちが何人か登場する。江戸時代の長屋に住む旦那、その奥さん、旦那の浮気相手の遊女といった違う立場の人たちがそれぞれの言い分を主張して、そこに割って入るご隠居やお奉行さまが、大体のことをうまくまとめてしまう。

これがアメリカのコメディなら、どちらが正しくてどちらが間違っているのかを白黒つけるのが「オチ」となる。しかし、落語はさまざまな役どころを一人で演じることによって、分裂を生まない折衷案に自然と寄り添っていく。

それはまた、人の欠点に優しいという落語の特徴にもつながる。落語にはさまざまなタイプの〝ダメ人間〟が登場するが、周囲の人間は決まって優しい、あるいは優しさを含んだ厳しい態度で接する。落語が身近な存在であるからなかなか自覚しづらいが、「登場人物すべてを一人で演じる」という笑いの構図はかなりスゴイことだ。そこには、成熟した人間関係が織りなす優しい世界が描かれている。

このような〝落語的解決〟ともいえる着地方法は、突き詰めれば生命の本質にまで到達するのではないか。医療の分野で考えてみると、腸内細菌がよい例だ。腸内に生息する一〇〇兆～一〇〇〇兆個の細菌は、善玉菌、悪玉菌、日和見菌《ひよりみ》の大きく三つに分類され、それぞれが共存して成り立っている。悪玉菌より善玉菌が優位であれば身体が健康な状態といえるが、悪玉菌がまったく存在しないとなると、それはそれで腸内環境のバランスが崩れてしまう。一方で、普段はおとなしくしている日和見菌は、環境の変化に応じてよくも悪くも働き、優柔不断な側面をもつ。これら腸内細菌についてはまだまだ未解明な部分も多いが、まるで人の生態の縮図を見ているようだとぼくは思う。

がんの場合はどうか。高齢化という要素を除いた年齢調整率で見てみると、一九九〇年代半ばをピークにがんの死亡数は減少する一方で、罹患《りかん》数は八〇年代以降、増加している。さらに、がんの生存率は、多くの部位で上昇傾向にある（国立がん研究センター「がん登録・統計」）。こうした背景を受けて、近年の医療現場では、がんを「撲滅する」という考えからがんと「共存する」という考えにシフトしつつあるという。

外科手術が担い手とされていた時代から、現在は放射線療法や化学療法が進化して、がんが多少進行してもコントロールできる時代になった。さらに、最新のホリスティック医学によるがんとの向き合い方にも注目が集まっている。ホリスティック医学とは、ギリシャ語で

「全体性」を意味する「ホロス（holos）」に語源を求め、身体や心、ライフスタイルといった総合的な観点に基づいた医学のことだ。「病気＝不健康」という考え方を捨て、与えられた環境において最良の状態をめざすという病との向き合い方は、食事療法や自然治癒に重きを置く東洋医学にも近い。とくにがんは全身に移転・再発しやすく、心的負担も大きいことから、精神面も含めた身体全体のケアが必要な病気だ。その点においても、悪の根源を根絶やしにするのではなく、共存していくことの重要性が叫ばれているのである。

現在の情報化社会では、何事にも迅速で的確な判断が求められる。さまざまなトピックが生まれては消え、そのスピードに置いていかれないよう、ぼくたちは必死に「白か黒か」の判断を下していく。それができないと、あたかも自分の意見がない未熟な人間のように感じてしまいがちだ。しかしながら、立ち止まって考えてみたり、ジャッジメントを「保留にする」という選択肢が必要な場面は、必ず存在する。

たとえばある研究論文では、国境紛争が先鋭化するときには、関係国の民主化度が低迷していることを、データを用いて証明している。意見の異なる者同士が辛抱強く対話を続ける、そのプロセスを民主主義とするならば、落語が描くのはそうした民主主義の日常風景だ。世界平和を導くのは、優しさで包まれた落語的思考概念であると、ぼくは本気で思っている。

少し大げさな話かもしれないけれど。

日本人の「生きがい」と「○○道」の関係

二〇一八年五月、『ＩＫＩＧＡＩ』（新潮社）という本を上梓《じょうし》した。これはもともと外国人向けに英語で書いた本で、日本では逆輸入というかたちで出版が叶ったものだ。日本人にとってはごく普通の言葉、概念である「生きがい」をテーマに執筆したのは、それが外国人にとって普通の概念ではないからである。

いうまでもなく、生きがいとは、生きる価値や喜び、張り合いを意味する言葉だ。驚くことに、諸外国でこの概念が認知されるようになったのはごく最近のこと。アメリカの研究者であるダン・ベットナーが二〇〇九年九月、「１００歳を超えて生きるには」というタイトルのＴＥＤトークで言及したことにより、それ以後、アメリカやヨーロッパでも「生きがい」が広く知れ渡ることになった。

ベットナーは、長寿や健康の分野を専門にしている研究者だ。ナショナル・ジオグラフィックとチームを組んで世界の長寿地域の調査を行ない、ＴＥＤトークでは、とくに長生きしている人が多い「ブルーゾーン」と呼ばれるエリアの特性について説明した。いくつかあるブルーゾーンのなかでもっとも平均寿命が長かったのが、日本の沖縄県だ。ベットナーは、沖縄の長寿の理由の一つに「生きがいがあること。毎朝起きるための目的があること」を挙げ、沖縄に住む百歳を超える高齢者に「長生きの秘訣は？」とインタビューしたところ、多くの人が「生きがいをもっていること」と回答したことを紹介している。

さらに、その「生きがい」とは何かを尋ねると、ある百歳の漁師は「自分が獲《と》ってきた魚を孫がおいしそうに食べること」と答える。また、百二歳の空手の達人は「死ぬまで空手を教えること」と答える。同じく百二歳の女性は「ひ孫を抱くこと」。それが天にも昇るほどの生きがい」と答える。ベットナーをはじめとする外国人にとって、これらの回答は衝撃的だった。なぜなら、西洋的な「生きがい」の概念とは、ときに宗教的な意味合いもはらむほど壮大なものになり、そこでは「生きる意味」「人生の真理」といった哲学的な要素が不可欠になるからだ。

それに比べて、日本人の「生きがい」の何とささやかなことか。ぼくの生きがいはといえば、いまは毎日一〇キロメートル走ること。実際は毎日というわけにはいかないけれど、忙しいときほど頑張って足を動かすと、重い身体がだんだん軽くなるのを実感できる。心と頭が心地よくリセットされて、走り終えたときの充実感も最高に気持ちがいい。それから、起き抜けに口にするコーヒーとチョコレートも生きがいの一つ。もはや朝の習慣になっていて、ベッドから抜け出すモチベーションといえるだろう。仕事が終わったあとの一杯も至福のひと時だし、寝る前にパソコンでイギリスのコメディを観るほっとした時間も好きだ。

このように、日本人にとっての「生きがい」は、じつにささやかでプライベートな側面をもつ。もちろん、「ボランティアで人を救うこと」「株で一億円稼ぐこと」など、生きがいに大きなテーマを掲げる人もいるだろう。つまり、日本人にとっての「生きがい」とは、どこまでも自由で平等なものである。必ずしも富や成功を前提にした概念ではなく、小さなことでも人生に目的と喜びを与えてくれるものにほかならない。そしてそれは、八百万の神の多様性を基盤とした日本文化と、その遺産のなかに深く根づいた概念なのである。

そんな日本の「生きがい」は、やがて「道」という生き方にたどり着く。茶道、書道、剣道から、ラーメン道、漫画道、野球道。日本には数えきれないほどの「○○道」があるが、それらは「生きがい」と密接にリンクしているにちがいない。たとえば、第1章でもお話しした小野二郎さんの人生を考えてみよう。

鮨職人・小野二郎さんは、大正十四（一九二五）年に静岡県で生まれた。父、母、兄という家族四人の暮らしは貧しく、小野さんは七歳で割烹《かっぽう》料理屋に奉公に出て、小学校に通いながら料亭で働きはじめる。宇佐美伸さんの『すきやばし次郎　鮨を語る』（文春新書）によると、その働きぶりは壮絶だ。朝六時に起きて、玄関から広間から庭まですべてを掃除したら登校、帰宅したら皿洗いやら風呂掃除やらをすべて済ませ、寝るのはいつも夜中の零時だった。小学三年生になると包丁をもたされ、田舎の婚礼や法事の出張料理をこなしはじめる。煮物や焼き物といった本格的な料理の提供はもちろん、宴席となると明け方までお酌に付き合い、宴が終われば膨大な量の後片付けが待っている。それを年端もいかない子どもが実践していたのだから、いまの時代ではとても考えられない。

その後、小野さんは召集を受けて兵隊訓練に入るが、奉公のつらさを「やっぱり奉公時代よりは、はるかに楽なんだねぇ。上の人間に絶対服従なんて子供の頃からだし、せいぜい自分も含めて3、4人分の身の回りを支度すればいいだけで、調理場の忙しさに比べたらへのかっぱです」と語っている。

戦争が終わると小野さんは再び料理屋で働きはじめるが、このころから「店をもつなら鮨屋」という漠然とした思いを抱くようになる。理由はといえば、鮨は「金なんかなくたって手軽にやれる」から。これは料亭で長年奉公し、割烹料理がいかに手間とお金がかかるものかが身に染みた小野さんならではの発想だったのかもしれない。また、終戦から間もない当時でも、鮨屋はそれなりに存在したという。江戸時代には鮨が路面の屋台で売られていたことを考えれば、始めやすい商売と考えたのにもうなずける。つまり、小野さんの鮨道は「世界一おいしい鮨」をつくることが目的ではなく、「生きる糧《かて》」としての鮨からスタートしたものだったのだ。

そこから長く、ときに困難な小野さんの鮨道が始まった。いまではミシュラン三つ星の料理人として活躍し、切り盛りする「すきやばし次郎」には安倍晋三首相とバラク・オバマ米大統領（当時）も会食で訪れたのはご存じのとおりだ。ここに来るまでにはむろん、小野さんの非凡な才能と意志の強さ、血のにじむような努力やすさまじい探求心があっただろう。しかしながら、成功の理由はそれだけではないはずだ。ぼくが考えるに、小野さんはおそらく「生きがい」というもっとも日本的な精神性を磨いていったからこそ、プロとしての、また私人としての輝かしいいまがあると思う。

料理人に限らず、多くの人にとってアメリカ大統領から賛辞を受けることは「生きがい」の一つの源になるだろう。世界最高齢のミシュラン三つ星料理人として認められることもまた、大きな「生きがい」になるにちがいない。

その一方で、そうした世界的認知や賞賛の領域に「生きがい」は限られない。単純に、お客さまにいちばんよい状態のマグロを提供することに「生きがい」を見出す瞬間もあるだろう。また、市場に魚を買い付けに行こうと早起きして外に出た、その早朝の空気の心地よい冷たさにも「生きがい」を感じているかもしれない。あるいは、店までの道のりで暖かな木漏れ日を浴びた瞬間、好きだというカツオの塩漬けを熱々のご飯に載せてかき込むときに、小野さんにとっての「生きがい」を感じているのではないか。

そうした「生きがい」を積み重ねることで築かれる「道」がある。日本人にとっての「道」は、西洋でいうところの「術」とは異なり、技術を習得するだけでなく、そこから豊かな精神性を養っていくことで形成されるものだ。一つのことに誠心誠意打ち込むことで得られるのは技術だけではなく、「生きがい」という喜びや発見、そして新たなる目的であり、それが人生を通して「道」となり、その人の生き方につながっていく。

そして「道」は「プロセス」だから、終わりというものがない。道の終わりはつまり悟りを意味し、悟ってしまうと、それはもはや「道」ではなくなってしまう。悟ろうとする努力の過程が「道」なのであって、「生きがい」というのもこうした瞬間に生まれることが多い。

つまり、ぼくたちはいくつになっても、日本人らしく表現すれば「未完の美」である「道」

を歩むことができるし、「生きがい」を感じることもできる。小野さんが齢《よわい》九十三にしてなお現役であることも、いまだ彼が鮨道のど真ん中にいることの表れなのだ。

自信をもってぼくらは「雑談力」を活用しよう

先日、知り合いの外国人男性と「雑談」についての話題で盛り上がった。彼の奥さんは日本人なのだが、「うちのワイフは話がとりとめもなくて、結局、何がいいたいのかわからない」という。たしかに日本人が日常的に交わす「雑談」は、英語でいう「スモールトーク（small talk）」とも「チャット（chat）」とも違う。彼がいうようにとりとめなく、大した山場もオチもなく終わる場合が多い。そんなことを話しているうちに、雑談が日本独自のコミュニケーション方法であることに気づき、すっかり面白くなってしまった。

これを繙くには、まず英語圏に育つ人々との教育の違いを理解しなければならない。英語圏では、早ければ小学校から、議論やスピーチの目的と組み立てについての教育が行なわれる。続く中学校・高校や大学では、物事を論理的に考えるための基盤を徹底的に叩き込まれる。たとえば、ある課題では、主題、仮説、根拠、結論といったパーツの配置が決まったフォーマットが用意される。そうした既存の〝論理パーツ〟に記入するかたちで論文を作成することで、脳に自然と論理的な思考が形成されていく。さらに、教室でも職場でもディベートの機会が多く、パブリックスピーチを聞く人々の耳も肥えている。外国の政治家や企業経営者が、人々の心を捉えるスピーチに長けているのはそのためだ。

「英語は論理的で日本語は曖昧である」といわれるように、言語の仕組みの違いもあるだろう。曖昧な表現や回りくどい言い方が多い日本語に比べて、述語、つまり結論が主語のすぐあとに来る構造の英語は、ストレートに議論しやすい言語と考えることもできる。しかし英語にも曖昧な表現の言葉が存在することを考えれば、言語というより文化、そこから来る教育による違いが大きいのではないか。だから、「small talk」の多くは大まかな起承転結、あるいは笑いであったり、教訓であったり、必ずどこかに着地するような会話で成立されている。

そうした会話環境に暮らす外国人にとって、日本人の雑談は何とも歯がゆいものである。オチがないと「何がいいたいのかわからない」し、さまざまなことに「理由」がない。英語圏の人は、主張のあとに「because」で理由づけをするのが常だが、日本人に「何でそう思うの?」と聞くと「そういうものだから」と返されるケースも少なくない。そうした意味では、雑談はやはり非論理的コミュニケーションであり、それを得意とする日本人にとってパブリックスピーチのハードルが高いのも、うなずける。公の場で雑談のようなスピーチをしてしまって、うっかり失言……などというのも、しばしば耳にする話だ。

しかしここではあえて、その雑談の可能性について考えてみたい。ぼくは雑談に関する本も執筆したほど、それに大きな魅力を感じている。

雑談には目的がない。何かを伝えようという意思ではなく、相手との空気感のなかで自然と発生するものである。それはまた、スピーチのように自分の意見を主張するためのものではなく、相手との絆を深めるために成り立つコミュニケーションといえる。縛りがない、いわば〝ごった煮〟のような会話のなかでこぼれる本音や笑いが、会話する者同士の距離を縮めることもある。実際、「妻の話はオチがない」という知り合いの彼は、そう話しながらじつに幸せそうだった。

加えて脳科学的に考えれば、雑談はかなり高度なコミュニケーションスキルである。チェスや囲碁の世界で人間を超えたAIをもってしても、まだ雑談を完璧にこなすことはできない。何万通りとあるチェスや囲碁のパターンには対応できても、無限にある雑談のやりとりには追いつかないのだ。また、目的のない会話のキャッチボールから偶発的に生まれる産物もある。「会議に、無駄口を。打ち合わせに、悪口を。」を企業広告に掲げている博報堂は、打ち合わせの五割を雑談に費やすことでひらめきを促進させている。ＡＩやロボットの台頭が予想される未来において、人間にしか創造しえない絆や関係性、あるいは「無駄」こそがもっとも大切な人的資源となる。それを形成するツールとして、雑談が重要な役割を果たすことは間違いないだろう。

あらゆる面で、雑談は猿の毛づくろいとよく似ている。猿の群れにおいて、毛づくろいをする猿同士は、トラブルの際に助け合い、絆を深め合う傾向があるという。猿の毛づくろいを人間の雑談に置き換えれば、プライベートはもちろん、ビジネスでもこうした「毛づくろい」を維持することが重要になってくる。とくに組織や社会のなかでイノベーションを起こしたり、変革を試みたりするようなシーンには、往々にして「反対派」との毛づくろいが不可欠だ。人間関係を築きづらい反対派との意思疎通を円滑に行なう際に、雑談を用いることは非常に有効な手段の一つである。日本人は雑談力の素質がある民族なのだから、自信をもってそれを活用していくべきではないか。

考えてみれば、雑談という〝ごった煮〟文化の背景にも、やはり日本人の多様性がある。ぼくは、雑談に懐石料理と似たイメージを抱く。さまざまな食材にさまざまな調理法を施し、それを少しずついただく文化は、多様なトピックで溢れる雑談と近いものがある。また、お茶の席でも、それぞれに違う個性の器と向き合い、それを楽しむといった寛大さは日本ならではのものだ。たとえばイギリスでは、紅茶を淹れるポットからケーキを載せるお皿まで、すべて同じ色・柄で統一されていることが美しいとされる。同じお茶の国同士でも、その楽しみ方は文化的背景によって異なるのだ。

雑談には、きらりと光る個性が少しずつ詰め込まれた状態を「心地よい」と感じる日本人の好みが表れているように思う。話題が飛んでもかまわないし、全体のテーマがなくてもよい。終わったあと、「ああ、楽しかった」と感じられればそれでよいのだ。そんな雑談の魅力を日々味わいながら、さまざまな場所でとりとめのない話を披露しているぼくなのである。

第4章

「村化する世界」で輝きを放つ「和の精神」

日本の特異性はほんとうに時代後れだったのか

これまでの章で、辺境に位置する日本の多様性、そこから生まれる特異な価値観や文化、暮らしについて述べてきた。ぼくたちは日本人であるにもかかわらず、自らのこうした特異性についてじつに無知であり、無関心である。外から指摘されて（それは多くの場合、外国からだ）、ようやく「いわれてみればそうかも」と思う程度。なぜか。その理由は、過去に行なわれた急激な近代化と無関係ではないだろう。

近代日本においては、二つの明確な転換期があった。明治維新と、敗戦だ。この二つの転換期のグランドデザインは、今日の日本人を語るうえで、とても大きな意味をもつ。

いわずもがな、明治維新とは、約二百六十年続いた江戸幕府の末期にマシュー・ペリーが来航し、そこから大政奉還に至るまでの十五年間にわたって遂行された〝革命〟のことを指す。ペリー率いるわずか四隻の黒船に屈し、開国を余儀なくされた日本は、その後、富国強兵というすさまじい国家構想によって、短期のうちにアメリカや欧州と並ぶ強国に成り上がった。そして、アメリカに敗戦するまで負けを知らなかった。

この〝革命〟はわずか四半世紀で多大な成功を収め、世界中の注目を集めた。ここで重要なのは、なぜそのような大改革をこれほど早急に進める必要があったのか、ということだ。それは、開国後に海の外の様子を目の当たりにし、帝国主義をとる諸外国の外圧の脅威を痛感していたからにほかならない。ペリーが乗船していたかの有名な黒船サスケハナ号は、全長七八メートル、重さ四〇〇〇排水トン弱、乗員数三〇〇人という巨大艦体だったという。対して当時の日本が所有していた最大の船「千石船《せんごくぶね》」は、全長二九メートル、重さ二〇〇排水トン、乗員数一〇〇人と、その規模感はざっと三分の一だ。さらに千石船の動力が風力もしくは人力であったのに対し、黒船は蒸気機関を採用していた。外から洋々とやってきた黒船を目にし、日本人がいかに恐れおののいたかは想像に容易《たやす》い。

また、同時期に勃発したアヘン戦争で、アジアの大国・清がイギリスの軍事力に屈したことも、日本にとっては衝撃だったにちがいない。一刻も早く強固な国家を形成し、新たな体制で列強と渡り合っていかなければならない。その危機感の表れが明治維新であり、富国強兵策だった。そしてこれ以降、「日出ずる国」日本にとってのスタンダードは、イギリスに負けた中国から欧州へと移っていく。

明治維新のあと、大正、昭和と戦争の時代に突入し、敗戦を喫した日本は再び驚異的な近代化を成し遂げた。一九四五年、第二次世界大戦に敗北。日本は戦勝国であるアメリカを手本に、国家を一から立て直していく。

GHQ（連合国軍最高司令官総司令部）による日本占領政策とはつまり、軍国主義の排除と民主化、そして、日本国憲法の制定を指す。戦後のアメリカナイゼーションについてはさまざまな議論がなされているが、昭和における日本のアイデンティティ再構築に、アメリカという絶対的な存在が深い影を落としていることは疑えない事実だ。

それは、政治や経済はもちろん、大衆の日常生活においても同様である。戦後混乱期には学校給食でアメリカ産小麦によるパンが提供され、日本の食文化に外国産の農産物が定着。一九五〇年代には自家用車や家電製品を備える「庭付き一戸建て」を描いたアメリカのホームドラマが日本でも人気を呼び、〝憧れのアメリカ〟像が確立された。これだけグローバル化が進んだ現在でも、ハロウィンが定着したり、「全米が泣いた」というコピーが採用されたりして、いまだにスタンダードをアメリカに求めている節があることは否めない。

「自分たちは主役じゃない」という意識と自己考察の足りなさは、第2章でも述べたとおり、もともとの〝辺境民マインド〟に根ざしているものだ。それに加えて、他国をモデルにした急速な近代化が、「日本は遅れている」「世界に追いつかなきゃ」という意識を育んできたともいえるだろう。そうした意識やそれに伴う文化、教育は、知らずしらずのうちに「ほんとうの日本とは何か」という根源的な問題から日本人を遠ざけてきた。だから急に「クールジャパン」や「わび・さび」といった概念が外国からもてはやされても、なぜ人気が出たのかはもちろん、そういった概念自体が何なのか、という点について、疑問がぬぐえないでいる。

しかし長い歴史において、明治維新や敗戦後の近代化は決して否定するべきものではない。むしろ、日本の価値観を守りながらステージアップするための、その時代の最善策だったとも思われる。とくに黒船の来航で「近代の外国」の存在をあらためて認識し、「日本」というナショナリズムを新たに確立したという点で、明治時代の近代化は大きな意味をもつ。これについては、『ニッポン２０２１－２０５０』（ＫＡＤＯＫＡＷＡ）で作家の猪瀬直樹さんの紹介していた話が興味深い。

先日、惜しまれつつ亡くなられた日本文学者、ドナルド・キーン氏の話である。氏が生前の三島由紀夫と散歩をしていた際、三島が庭師に「これは何の木か？」と尋ねた。すると庭師は「松です」と答えたという。驚くべきことに、三島は松を知らなかったのだ。

三島由紀夫といえば、松、海、桜、富士山といった近代日本の「日本らしい風景」を美しく描写している文学作品が有名だ。それにもかかわらず、彼は松をはじめとする現実の植物をほとんど知らず、イメージのなかで「美しい日本」を描いていたのである。これはなにも三島に限ったことではない。綺麗な雪化粧をした富士山、そこに昇る輝かしい朝日、気高い松。こうしたいかにも「日本らしい風景」を実際に目にしたことがある日本人は、じつはあまりいないはずだ。

　ではなぜ、ぼくたちはそうした風景を「日本らしい」と思い込んでいるのか。それは、明治時代の複写技術の大いなる発展により、富士山、朝日、松などの「日本らしい風景」が共通のシンボルとして大衆に流布されたことに由来する。じつは少しも身近ではないのに、蒼々《あおあお》とした海と松の木を見て「日本っぽいなぁ」と感じたりするのは、明治期からの近代化で大きく飛躍した、テクノロジーとナショナリズムの力という側面がある。

　明治期の近代化は「追いつけ欧州」といった気負いの強いものだったが、同時に、日本のナショナリズム形成にも貢献した。日の丸が正式に国旗に制定されたのもこのころである。ならば、敗戦後の日本はどうだったか。猪瀬さんは同書で、こんな言葉を残している。

「日本は戦後になり、歴史意識が突然、蒸発します。敗戦により多くの同胞を失い、原爆を落とされ、なんとバカなことをしたのかと悔いると同時に、それまでの歴史を全否定して忘れようとした。あたかもＰＴＳＤによる記憶喪失症のように。日本の歴史の中で何が良くて、何が悪かったのか。冷静に振り返ることができなくなっていたのです」

猪瀬さんはあえて非常に強い言葉を選ばれているが、ぼくが感じているのも、要はこうしたことなのだ。繰り返すが、過去の歴史、国家構想やそれを実現するために実践されたさまざまなスキームは、否定されるべきものではない。しかし、時代は変わった。「アメリカ・欧州は進んでいる」というバイアスを取り払い、いまの時代に沿うものは何かを考えたとき、それは日本のありのままの特性を活かしていく、ということにある。たとえば、繊細なクオリア、類まれなる多様性、「生きがい」や「道」。こうした日本独自の価値観は、いままさに世界が注目し、求めている概念だ。学問の世界では「日本は外国から輸入するばかりで輸出しない」というのが定説だったが、いまや逆転現象が起きている。

それと同時に、情報化社会が成熟した現代においては個人化が著しく、「この国はこうだよね」という過去の価値観が崩壊してきた。日本のみならず、さまざまな国に対する見方、考え方に変化が訪れている。内政においては、安倍首相が戦後レジームからの脱却を掲げたこともその一つかもしれないが、日本を「原点にさかのぼって大胆に見直」す必要性が語られている。落合陽一さんは、『日本復興戦略』（幻冬舎）においてやはり、歴史を知ることの大切さや西洋的な考えの時代不適合性を訴えている。

世界が「村化」するほど輝く日本のコンテンツ

先日、『ファイナル・テーブル』を観た。『ファイナル・テーブル』とは、アメリカの人気料理雑誌の編集者がホストを務める料理番組だ。フランス、スペイン、メキシコ、日本などの各国から選出された一流のシェフたちがその技術を競う、いわばグローバル版『料理の鉄人』である。

ぼくが観たのはほかでもない、日本人シェフが出演する回で、お笑い芸人「ピース」の綾部祐二さんがアンバサダーとして登場するからだった。綾部さんといえば活動拠点をニューヨークに移し、その動向が日本で注目されている。世界を舞台にどうなるだろうと期待半分、不安半分で観ていたが、これがなかなか面白かった。『ファイナル・テーブル』という比較的シリアスな番組の画《え》に綾部さんがいるだけでも面白いのだが、顔芸を披露したり、ラーメンを食べるジェスチャーで笑わせたりと、体当たり的な芸風が出演者にもウケていたように思う。そんな綾部さんの活躍を観ていて何より実感したのは、グローバリゼーションの深化である。いまや日本のお笑い芸人は、アジアやアメリカ、ヨーロッパ、中東、アフリカといった世界中の人々の目に触れ、評価を受けることができる。そうした状況に、ちょっとした感慨と大きな可能性を感じずにはいられないだろう。

一九九〇年代に社会主義が崩壊し、冷戦が終結すると、市場主義のもとで規制緩和や自由競争が推し進められ、資本や労働力、知識、技術などが国境を越えてやりとりされるようになった。いわゆる、近代のグローバル化である。一方で、インターネットによる情報化社会が成熟した現在においては、政治や経済の分野だけでなく、SNS（ソーシャル・ネットワーキング・サービス）などのプラットフォームが提供するさまざまなコンテンツを通して、個人レベルで異文化交流がさかんに行なわれている。近年のグローバル化は、ステージアップともいえる段階を踏みながら、その深化が急速に進んでいる状態なのだ。

それはスマートフォンやパソコンといった情報に関する共通のツールを世界中の人々が所持することから始まった。もちろん、グローバルに展開する各国のメーカーや製品はこれまでにも無数に存在した。日本車がそうだし、ドイツのホームプロダクツ、イタリアやフランスのアパレルメーカーも世界中で愛用されている。しかしながら、たとえばｉＰｈｏｎｅのような日常に不可欠な生活用品において、世界中でこれほど多くの人々が同じものを携帯するというのは、歴史を遡っても稀有な現象ではないだろうか。そこからさらに、グーグルやアマゾンといった共通のプラットフォームを介し、さまざまな共通の情報を得る。ぼくたちはいま、過去に前例のない、世界規模の情報共有文化を謳歌しているのだ。

さらにはユーチューブやネットフリックスのようなプラットフォームが誕生し、個人や小規模なグループが発信するコンテンツを世界中で共有できるシステムが確立された。日本のアニメ、音楽、バラエティ、映画はもちろん、個人が配信する「やってみた」シリーズも、いまや中東の僻地《へきち》でも、遠く離れた南米でも、インターネット環境さえあれば気軽に楽しむことができる。年末恒例のテレビ番組『笑ってはいけない』は海外でも人気で、そこから着想を得た類似番組がアメリカやスペインで放送されたと聞く。いまをときめく米津《よねづ》玄師《けんし》さんも、ユーチューブには日本語に交じって英語のコメントがたくさんついている。さまざまな国のさまざまなクリエイティビティが、「国籍」という枠に左右されることなく、平等に評価される時代になってきた。もはやグローバル化のさらに一つ上、地球全体が一つの大きな村――「地球村」化しているといえるのではないだろうか。

地球村の誕生には、SNSの発達も不可欠だ。これまでは、テレビや雑誌、あるいはインターネットのニュースサイトなど、マスメディアという媒体を通して情報を得るのが普通だった。しかし、とって代わるように誕生したＳＮＳが、いまではそれを凌《しの》ぐほどの大きな力をもっている。もはや旅行に出かけるのにも、ガイドブックではなく、さらにはインターネットの旅行サイトでもなく、インスタグラムから情報収集するような時代である。

ＳＮＳは何より、情報が速い。発信も速いし、拡散も速くて爆発力がある。それがネガティブな個人ニュースに発展することもあれば、国を動かすほどの威力を携えることすらある。たとえば、二〇一〇～一一年にチュニジアで起きた「ジャスミン革命」では、民主化運動における情報共有にフェイスブックなどのＳＮＳを通じた情報交換が力を発揮したことが話題となった。さらに、二〇一四年に香港で起きた「雨傘革命」も、民主派のデモ隊が雨傘を広げて抗議する様子が、ＳＮＳを通じて世界中に拡散された。個人が世界に向けて情報を発信し、その情報を受けた個人が何らかのアクションを起こしうる時代において、国家レベルの革命や国同士の諍《いさか》いは、もはや「どこか世界の遠くで起きていること」ではなくなってきている。国という枠を超えて人と人とがつながっていく、そのような意味でも、地球全体の「村化」はますます進化していくのである。

「クールジャパン」をはじめとする世界で人気の日本のコンテンツは、ぼくたちが自ら世界に向けて発信したものではなく、世界が「地球村」という一つの村になることで外国人が発掘したものだ。近ごろでは、日本のお弁当がバズっているという。外国のいわゆるランチボックスは、家にあるパンや余った惣菜をタッパーに大雑把に詰めたものがほとんどだ。一方で日本の「Bento」は、季節感のある食材を使った色彩豊かなおかずで彩られ、しかも栄養バランスも抜群である。

何より見た目がかわいくてインスタ映えにもひと役買うお弁当は、考えてみればいかにもSNS向きであり、世界でバズるのもさもありなんといったところだ。もっとも、当の日本人であるぼくたちにとっては、お弁当の存在が身近すぎるから、その魅力にはいわれるまで気づかない。日本のアニメに出てくる学校風景で、登場人物たちが食べているお弁当が「おいしそう!」と外国人の興味を引いたのがお弁当人気のきっかけだそうで、日本人にはまったく予想外の視点と発想である。

コンテンツに限らず、日本人の国民性も世界から注目を浴びた。顕著なのが、東日本大震災や熊本地震の際に被災者の方々が見せた秩序ある行動だろう。人のいないスーパーやコンビニが物とりに襲われることなく、それどころか配給の列をきちんとつくって自分の順番を待っている様子は、世界中から驚きをもって賞賛された。第1章でも触れた、サッカーFIFAワールドカップ・ロシア大会のロッカールーム清掃も同様だ。これらは外国人によるS

NSで拡散され、それがインターネットニュースで話題となり、世界中の人々が知るに至った日本人の美徳である。

かつて日本といえば、「ソニー」や「トヨタ」などのメーカーのイメージや、「真面目」「優しい」「何を考えているのかわからない」といった国民性ばかりが先行し、定着していた。でも、もっと多角的な視野で日本を観察できる「地球村」では、『笑ってはいけない』を愛するユーモアセンスや、クルマや家電製品にはない「Kawaii」という発想のクリエイティビティや、鮨や天ぷらだけではない多彩な日本食、それを形成する四季折々の豊かな食材といった、多様でリアルな日本の特性に対する世界の評価で溢れている。

逆にいえば、そうした繊細な日本の特性は、世界が「村化」するほど輝きを増すものなのかもしれない。だからこそ外国人の目に留まり、彼らが見つけた日本の魅力がバズっているのだろう。

「こんまり」の根っこに見える神道の世界

第1章でも少し触れた〝こんまり〟こと近藤麻理恵さんの再ブレイクが大いに話題だ。片付けコンサルタントとして活躍する近藤さんは、二〇一〇年、『人生がときめく片づけの魔法』を上梓して話題になった。二〇一四年にはアメリカでも同書が出版され、大ベストセラーになるとともに一躍有名人に。時を経て〝こんまりブーム〟も落ち着いたかと思われたが、二〇一九年、世界最大級の動画配信サービスであるネットフリックスで『KonMari ～人生がときめく片づけの魔法～』というリアリティーショーが配信されるやいなや、再び大反響を巻き起こした。いまやアメリカでは「Kondo」という言葉が「片付ける」という意味で使われるほどの社会現象を巻き起こしており、『TIME』誌では近藤さんを「世界で最も影響力がある100人」の一人に選出している。

このリアリティーショーは、近藤さんがアメリカの一般家庭を訪問し、片付けによって家を大改造する内容で構成されている。極端に片付けができない人の大半がそうであるように、番組に登場する依頼人は、夫の遺品を手放せない女性や出産を控えたカップルなど、心に悩みを抱えていたり、人生の転換期を控えていたりする人たちが少なくない。近藤さんはそんな彼らに独自の「こんまりメソッド」を伝授しながら、家の片付けだけでなく、彼らの内面にまで変化をもたらす。物の取捨選択を通して自らと向き合うことで、依頼人が前向きな気持ちを取り戻していく過程は、さながら「片付け」という名目の心理セラピーといっても差し支えないだろう。

片付けが完了した家のビフォー・アフターを見て、依頼人や視聴者がある種のカタルシスを感じるような同番組の構造は、決して珍しいものではない。むしろ、日本国内でも海外でもありふれたジャンルといえる。しかし実際に番組を観てみると、そこには、とくに外国人が惹きつけられるような特別な要素があることに気づく。その一つが、近藤さんのキャラクターだ。

舞台はアメリカの一軒家。家のなかはひどく散らかっており、そこに住む人たちはつねにイライラしている。そんな殺伐とした場に、満面の笑みをたたえた近藤さんが「ハロー！」といいながら現れる。いつもふんわりとしたスカートを身にまとい、大きな収納箱をいくつも抱えている。近藤さんはとても小柄だ。大きなアメリカ人と並ぶと、その小柄さがいっそう際立つ。そんな近藤さんがつぶらな瞳をしばたたかせながらニコニコ笑っている様子は、まるでジブリに出てくるアニメのキャラクターか、不意に現れた妖精のようである。「こんまりメソッド」のキモには、物を「ときめくかどうか」で判断し、心がときめかない物は減らしていくという理念がある。この「ときめき」は「Spark Joy」と英訳されバズワードになっているが、こうしたキラキラ感が近藤さんの〝妖精っぽさ〟に拍車をかけ、そのキャラクター性が人気を呼んでいるのではないか。

もちろん、社会現象にまで発展したヒットの主軸には、「こんまりメソッド」の独自性がある。「ときめき」をはじめ、近藤さんの片付け思想には数々の独自のメソッドがあるが、その根幹には神道に根差した精神世界を垣間見ることができる。たとえば、実際に『人生がときめく片づけの魔法』を読んでみると、片付けを「物と対話する作業」と位置づけ、物を擬人化するような表現が多い。オフシーズンの服に対して、次の季節に「また会いたいか」どうかを考える。押し入れにしまいっ放しの物はすべて「寝ている」。家にある物はその「おうちの子」。新品のタグを取る作業は「『へその緒』をパチンと切ってあげる儀式」。物に精神性を求めるこのような発想は、八百万の神の世界観に極めて近いものがあり、片付けを理論的な作業として捉える外国人にとっては新鮮なものだったにちがいない。またそうした哲学は、物を捨てられない、片付けられないことに悩み苦しみ、自らを責める人々の救いにもなっている。

愛着があるから捨てられないという人のリアルな心情を否定せず、それにどこまでも寄り添っていく。そんな近藤さんの懐の深さが、依頼者や視聴者の心を動かしている。もし「こんまりメソッド」がたんなる大量消費社会へのアンチテーゼにとどまっていれば、断捨離やミニマリズムの〝妖精版〟といった程度の評価で、これほど話題にはならなかったのではないか。

近藤さんが作業着ではなく、つねにスカートやジャケットといったフォーマルないでたちでいるのは、片付けを「家を出ていくモノたちの門出を祝うお祭り」と捉えているからだそうだ。片付けを「祭り」と表現するのも、どこか日本古来の自然崇拝的なバックボーンが感じられる。じつは近藤さんは、過去に巫女《みこ》として五年間アルバイトをしていた経験をもつ。なるほど「こんまりメソッド」の特異性は、そうした背景を考慮すればストンと腑に落ちる部分が多い。外国人の琴線に触れた近藤さんの精神性は、神道が培ってきた多様性や、落語に見る優しい世界観といった、本書で着目している日本独自の気質とつながっているのではないだろうか。

近ごろは、近藤さんの「アンチ」も発生しているという。本を「ときめき」で取捨選択して処分することに反発を覚えるインテリ層がいたり、はたまた近藤さんが英語を話さないことに対しての批判まで起きた。いずれにせよ、近藤さんの本を読んだ人、番組を観た人がそれを話題にしたくなる要素を大いにはらんだ世界的コンテンツを確立したという点で、「こんまりブーム」はまだまだ続きそうである。

現代日本でも有効な「十七条憲法」の精神

地球村では、多彩な国の人々とグローバルな関係性を築ける一方で、コミュニケーションの難しさという問題も存在する。村社会の人間関係は、いつの時代も、どの国でも、人々の頭を悩ませる難題だ。

そんな人間関係を考えるうえでは、一九六七年に社会心理学者のスタンレー・ミルグラムが行なった「スモールワールド」というネットワーク形態に関する実験が興味深い。もっとも有名なのは、アメリカでの実験だ。ネブラスカ州オマハに住む住人一六〇人に手紙を送り、その手紙を、約二二五〇キロメートル離れたマサチューセッツ州ボストンに住むある人物に送るように依頼する。手紙を受け取った人はボストンに住む人物を知らないので、心当たりのありそうな知人にその手紙を転送する。その手紙を受け取った人が、さらに別の知人に手紙を転送する。そうやって知人を介していった結果、すべての手紙が届いたわけではないが、平均六人の仲介を通してターゲットに手紙を届けることに成功した。つまり、世界中のほとんどの人間は六人の知り合いでつながる可能性があることが判明し、〝世間は狭い〟がデータに裏づけられるかたちで証明されたのだ。

近ごろでは、ツイッターなどのSNSを通してケンカをする人が絶えないが、そんなバトルを目にするたびに、ぼくはこの実験を思い出す。もちろん、意見が違う人との議論は悪いことではない。しかし、それがただの罵《のの》り合《し》いになるのはよくないし、ましてや相手との完全な決裂を生じさせてはいけない。なぜなら、たとえ「この人とは一生付き合わないでいいや」と切り捨てたつもりでも、「スモールワールドネットワーク」の学説上、必ずどこかでつながってしまうからだ。ミルグラムの実験が行なわれたのが一九六〇年代であることを考えると、現在は六人よりも少ない人数でつながってしまう可能性が高いだろう。

「村化」した世界では、こうした点が大きなメリットにも、デメリットにもなる。デメリットに対するリスクヘッジはつねに頭に置いて行動するべきで、それは意外と日本人の特性と相性がよい。人と適度に距離を置く。決裂を生じない程度の関係性を保つ。村社会での立ち回りこそ、日本人の十八番《おはこ》である。先に述べた「三方一両損」的な処世術をもつ日本人は、ネットワーク社会における人間関係の構築を、本質的には得意とする民族なのだ。

日本人のそうした精神性は、どのように育まれたのだろうか。その答えは、おそらく日本史において最初に模範を記した「十七条憲法」に求められる。ぼくはいまなお、厩戸皇子《うまやどのみこ》

（聖徳太子）が飛鳥時代に確立した十七条憲法の精神は、現在の日本でも有効だと考えている。

聖徳太子が制定した十七条憲法は、いまの憲法とは少々役割が異なり、主に内政を司る官僚や貴族に向けて示した法文だった。そのため、儒教や道教の思想も習合した道徳的な規範が多分に含まれ、現在でも学ぶところが多い。なかでももっとも有名な第一条「和を以て貴しとし、忤《さか》ふること無きを宗《むね》とせよ」は、現在にも息づく日本人の「和」の心について触れた最初の文献だろう。現代語訳では「和を何よりも大切にし、諍いを起こさないようにしなさい」となり、まさに現代に見られる日本人の特徴と合致する。「令和」への改元が発表された際、この条文を出典とした元号案「和貴」も話題になった。

しかし、これを単純に同調をよしとする集団主義と捉えるのは誤りだ。その根拠は、続く第十条「心の怒りを断ち、表の怒りを捨て、人の違《たが》ふを怒らざれ」、第十七条「それ事は独り断《さだ》むべからず。必ず衆《もろもろ》とともに宜しく論《あげつら》ふべし」に記されている。人と意見が違うことに腹を立てず、異なる考えを受け入れるべし。何事も一人で決めず、みなときちんと議論すべし。つまり周囲と同調するのではなく、自らの主体性をもって協調することこそが「和」の本質であると唱えているのだ。

こうした精神的気質は、辺境島国という特殊な立地、神道を基盤とする自然との調和性によって、さらに大きなスケールで育まれていく。つまり、人はその長い人生を歩むことにおいて、他者との関係性、他国との関係性、あるいは自然との関係性を無視できない。それゆえ、それらとどのように共生していくかに非常に敏感な気質が、長い時間をかけて日本人に育まれ、発達してきたのではないか。

自らの主体性をもって、他者の異なる思想を受け入れるという在り方は、まさに夏目漱石が実践してきたことでもある。「いやしくも公平の眼を具し正義の観念を持つ以上は、自分の幸福のために自分の個性を発展して行くと同時に、その自由を他にも与えなければ済まん事だと私は信じて疑わないのです」（「私の個人主義」）。講演でこのように述べた漱石は、さらに、この個性の「公平」性が保たれることなく権力や金力が駆使されると「非常な危険」にさらされることを危惧し、「権力には常に義務が付随する」ことを訴えている。

たとえば、学校の先生が生徒を叱る。その代わりに、生徒の指導に誠心誠意、骨を折る。「先生」という権力を行使して生徒を叱るならば、全力で指導に当たることが先生の義務だ。政治家ならば、その権力を行使して何かを制約する代わりに、よりよい生活環境を国民に提供するのが義務というものだ。主体性をもって協調するということは、たんなる文化論にとどまらず、こうしたヒエラルキーにおける人間関係のなかでも「義務」という概念をもって適応される。

他人との距離感、関係性を重んじる日本人の気質は、丁寧語、尊敬語、謙譲語と敬語に三種類ものバリエーションを有する、日本語という特殊な言語からも窺える。たとえば、英語で「私」を表現する言葉が「I」であるのに対し、日本語では「ぼく」「私」「オレ」「小生」などと、いくつもの言い回しがあることを不思議に思ったことはないだろうか。内田樹さんの言葉を借りれば、これらは一種の「メタ・メッセージ」として、相手との関係性を表す際に非常に有効に使われる。実際に、この本では「ぼく」という言葉を使うことで読み手との関係性を柔らかくしたいという意図（といっても、ほとんど無意識的な）があるが、内田さんの『日本辺境論』では、「『ぼく』では腰が弱すぎる」ので「私」を採用している。読者のみなさんも、上司には「私」だけど奥さんには「オレ」を使ったり、幼い子どもに対しては自分のことを「パパ」「ママ」と呼んだりする方が多いはずだ。

このように、一人称の使い方一つで相手への印象はがらりと変わり、それは「私はこういう立場で、あなたはこういう立場ですよ」というメタ・メッセージとして大きな役割を果たしている。一人称の発達は、ときに話の内容よりも相手との関係性を明確にしたいと考える、日本人ならではの配慮の極みといえるだろう。そして、それらをほとんど無意識に使い分けるぼくたちは、他人との距離感に敏感な民族であることが疑いようもなく、いわゆる「空気を読む」ことに長けているのだ。

「どちらともいえない」という感覚を大切に

空気を読んだり他者との関係性を配慮することとは、俗にいう八方美人とは似て非なるものである。ぼくがそれについて思い立ったのは、ある国際賞の授賞式で天皇陛下と一対一でお話しする機会に恵まれたことだった。話題はもっぱら、オサムシの系統分類学について。オサムシの生態研究、そのＤＮＡ解析による昆虫系統分類学の躍進はその分野では有名な話で、陛下も非常に興味をもたれていた。あらためて、学者さながらの陛下の知見の深さに畏敬の念を覚えるとともに、ぼくの言葉を一つも聞き漏らすまいと真摯《しんし》に向き合ってくださったお姿がとても印象的だった。お話しできたのはほんの十五分程度だと思うが、このときの感動をぼくは生涯忘れないだろう。

考えてみれば、被災地などを訪れる天皇皇后両陛下をテレビ報道で見ていても、お二人は必ず相手に目線を合わせ、その人の目を見てお話しされる。そして不思議と、茶道や華道といった、古くから続く由緒正しい家元の方々が話す際にも同じような共通点が見られる。それはまた、柔道や相撲、剣道などの日本発祥のスポーツにおいて、一対一で両者が対面したときの真剣さにも通じるものがある。相手と向き合うときの誠実さ、真心の在り方というものは、じつは日本人が古来から伝承する対人文化の一つではないかと思う。

「真心」や「真面目」は、しばしば日本人を形容する言葉として扱われる。仕事をサボらない。時間に遅れない。そうした日本人の律儀な性格は世界でもよく知られているが、とりわけ「おもてなし文化」にも通じる対人においての誠実さは、他者との距離感や空気感を重んじる日本人ならではの気質だろう。実際に、村社会で上手に立ち回ろうとしたときに、場当たり的な八方美人のような振る舞いでは、その村で生き長らえることはできない。決定打を避けながらどの層ともケンカせず、それでいて、一人ひとりに真摯に向き合う。

そうした日本人のスタンスは、やはり十七条憲法の第九条、「信《まこと》はこれ義《ことわり》の本《もと》なり。事毎《ことごと》に信あれ。それ善悪成敗はかならず信にあり」に根づくものとも考えられる。「真心は人の道の基本である。何事にも真心がなければならない。物事の善悪や成敗は、必ず真心のあるなしにかかっている」。聖徳太子の時代に模範とされた和の心、真心は、日本人のアイデンティティとして連綿と受け継がれ、いまなお心の拠り所として息づく概念なのだ。

このような日本人の精神的気質、とりわけ「和」の心においては、近代では本質的な部分を誤解されたまま、しばしば批判の対象にされてきたように思う。「白黒つけない」は「自分の意見がない」と叩かれ、「空気を読む」ことで生きづらいと感じる人が増え、日和見主義的な側面ばかりが否定されつづけてきた。しかし十七条憲法が説く「和」の意味を繙いてみれば、個人のさまざまな意見、思想があることを受け入れたうえで、みなが生きやすい環境を形成することが目的だと思える。それは決して自分の意見をもたないことではないし、空気を読んで周囲に同調することでもない。もしかしたら「みんな違って、みんないい」の超先駆け的概念かもしれない。じつに奥が深い平和思想であり、多様な文化や自然と共生する日本人に寄り添うものなのだ。

もっといえば、ネットワーク社会が成熟した現代においては、このような思想は非常に合理的でもある。すでに述べたように、人々がよりつながりやすくなった「地球村」という環境において、誰かとハッキリと対立することは得策とはいえない。それを逆手にとった〝炎上〟商法が功を奏す時代もあったが、そうした刹那《せつな》的な戦術は持続可能性に乏しく、いずれは淘汰される。いまこそ、日本人であるぼくたちが「和」を理解し、「和を貴ぶ」ことの重要性について考えなければいけないのだ。

ともすれば、日本人の日和見主義的な気質への批判は、個人主義を重んじる「欧米」崇拝がつくり出した幻想ともいえるのかもしれない。しかし、他者や対立するさまざまな意見と独自の間合いをとることは、間違いなくこれからの時代をうまく生き抜くための有効なスキルなのだ。日ごろ感じるだろう「どちらともいえない」という感覚は、ぜひ、そのままにしておいてほしいと思う。

ファクトフルネスと社会的マインドフルネス

世界で一〇〇万部を超えた大ベストセラー『ファクトフルネス』(日経BP社)が、二〇一九年一月に日本でも出版された。「ビル・ゲイツ大絶賛」と話題の同書は、そこからまだ数カ月のあいだに日本国内でも売り上げ二五万部を突破したという。

タイトルにもなっている「ファクトフルネス」とは、データ、つまり「真実」を基に「正しく世界を見る習慣」のことを指す。たとえば、次の質問について考えてみてほしい。

「世界の人口のうち、極度の貧困にある人の割合は、過去二十年でどう変わったでしょう?」

「自然災害で毎年亡くなる人の数は、過去百年でどう変化したでしょう?」

回答を「二倍以上になった」「あまり変わっていない」「半分以下になった」という三択のうちのいずれかで示すなら、あなたはどれを選ぶだろうか。

『ファクトフルネス』の冒頭には、このようなクイズが一三ほど紹介されている。ちなみに、この二つの正解はどちらも「半分以下になった」だ。著者である医師のハンス・ロスリング氏が全世界を対象にこのクイズを実施したところ、正解率は一〇%以下という「チンパンジー以下」の低い数値が叩き出された。多くの人は、物事をより「ドラマチック」に捉える傾向があるために、「世界は実際よりも怖く、暴力的で、残酷だ」というイメージを固く信じたまま、ネガティブな思考に陥りがちだと同書は主張する。もっとも、このような主張の持ち主はロスリング氏だけではない。ハーバード大学教授のスティーブン・ピンカー氏もまた、ここ数年で、同じ趣旨のことを講演や著書で指摘してきた。世界における民主主義の体制下に暮らす人の割合、教育を受ける人の数、乳児死亡率などのデータから、世界はどんどんよくなってきているというのがピンカー氏の持論である。

そう、真実に基づいたデータから繙けば、世界はどんどんよくなっている。貧困層の割合も、自然災害で亡くなる人の数も年々減少しているし、世界中の一歳児の八割は何らかの予防接種をきちんと受けて育っている。大切なのは、ネガティブな思い込みを乗り越え、そのような真実（ファクト）を基に正しく世界と向き合う習慣をつけること。同書ではネガティブ思考に陥る本能的な要因（「分断本能」「ネガティブ本能」など）を細かく解説したうえで、そうしたファクトフルネスの重要性を提唱している。気づきに満ちた内容なので、まだお読みでない方はぜひ手にとってほしいと思う。

さて、ここであらためて考えたいのが、「人は感情をもった生き物である」という点である。ぼくが『ファクトフルネス』を読んでそう感じた経緯を、順を追って説明しよう。

ファクトフルネスという考え方は非常に論理的で、ある意味ではドライな思想でもある。なぜなら、データはもちろん真実だが、真実だからこそ、そこに必ず救われない人も存在するからだ。世界がどんどんよくなってきているといっても、格差や偏見はまだまだなくならず、そうした環境下では前向きになれない人も多数いる。あるいは、恵まれた環境で暮らしている人でさえ、「世界はよい方向に進んでいるから前向きになろう」とはいかないのが現実だ。人間である以上、嫉妬やしがらみ、自己否定感といったネガティブな感情が必ず発生し、誰かが幸せになると同時に、同じコミュニティにいる別の誰かは不幸せになるという現象は往々にして起きる。

これはもちろん、個人の問題にとどまらない。たとえば原子力発電を例にとっても、仮に「原発は人類にも自然にも危険なものである」という前提を置いたとしても、そのうえで電力会社で働く人々や原発を誘致することで地域振興を図りたい自治体など、さまざまな立場の人々のさまざまな意見がある。こうした複雑に絡み合った問題に対して、「データ」や「善悪」をもって議論することは、ときにかなり危険でハードルが高いことにもなる。つまり、ファクトフルネスで真実を知ることは極めて大切なことだが、データに載らない人々の声や感情があることも理解し、つねに物事の全体を把握する俯瞰的な視点を持ち合わせていなければならないのだ。

こうした思想のことを「社会的マインドフルネス」とでもいおうか。GAFA(グーグル、アップル、フェイスブック、アマゾン)に代表される大企業が業務に取り入れたことで一躍話題になった「マインドフルネス」は、個人で実践し、完結するものだけにとどまらない。「いま、この瞬間の体験に目を向け、目の前で起こることを評価をせずに受け入れる」ことがマインドフルネスの定義だとすれば、対人、対世界においても「社会的マインドフルネス」が必要だとぼくは考える。それはあるいは、共感能力にも近い。一つの事象に対して世の中の人がどのように感じ、それが人によってどのように違うかを認識することは、多様な現代において重要なスキルなのである。

ファクトフルネスと社会的マインドフルネスは、いわばクルマの両輪である。いつの時代も事実は説得力をもつが、それを相手の心に届けるには共感の力が必要だ。「事実」に訴えかけるファクトフルネスと、「心」に働きかけるマインドフルネス。この二つの考え方を身につけることが、物事の本質に迫るうえでは大切な意味をもつのではないだろうか。

世界を先取りしていた日本の「持続可能性」

「和」という概念を基盤とした人間関係の構築は、考え方によっては、とても地味なものである。さまざまな意見や思想を受け入れ、折衷案を用いて着地するようなやり方は、ときに忖度《そんたく》や控えめな態度が必要とされ、大体において自制的な様相を呈している。たとえば、ジャスティン・ビーバーやカーダシアン家のようなセレブリティは、日本ではあまりお目にかかることができない。もう少しスケールの小さいプチセレブはたくさんいるが、欲望のままに派手な生活を送ったり、誰かに向かって過激な発言をしたりする文化を、日本人は本能的に好まない傾向にある。なぜならやはり、そうした文化は「和」の概念と本質的に相容《あいい》れないものだからだ。その意味では、あらゆる分野において、日本は世界規模で革命を起こすゲーム・チェンジャーにはなりきれないといえるだろう。

一方で、だからこそ、日本に根づいてきた重要な精神性がある。持続可能性だ。

近年では、「サステナビリティ」という言葉で企業理念などに採用されることも増えた。環境保護活動における継続性。あるいは、経済的発展はもとより、環境、社会的側面において、現在だけでなく将来も引き続き貢献できる可能性。未来を見据えた長期的な取り組みの必要性が世界中で叫ばれているなかで、日本が自然に実践してきた持続可能性がキラリと光っている。

日本は持続可能性の国である。長きにわたって共生してきた自然との関係性はもちろん、人間関係の構築においてもそれが活かされている。たとえば、何世紀というスパンで続く家業や家元が多く存在することは、そうした日本の特質を表す例といえるだろう。千利休を流祖とする京都の千家は、一五九一年に利休が亡くなって以来、四百年以上も茶道という文化を守りつづけてきた。無論、そこには茶道そのものの奥深さや、それを守り、継承してきた家元の崇高な尽力がある。同時に、周囲と円滑な人間関係を築く調和性もまた、文化の継承には欠かせない大切なポイントである。

実際に体験したことがなければ、茶道にどこか浮世離れしたイメージを抱く方も少なくないかもしれない。でも当然ながら、それはじつに多くの人々が携わり、支え合いながら成立しているものだ。千家の場合、それぞれの茶道具を千家十職と呼ばれる人たちが管理している。茶碗師、釜師、塗師、表具師、竹細工・柄杓《ひしゃく》師といった専門の職人が存在し、そうした人々と千家との確固たる信頼関係によって、四百年もの長きにわたって茶道という伝統文化が成り立っているのである。加えて、政治や宗教といった、世の中を動かすほどの大きな渦のなかへの深入りを避けてきたこともある。あくまでも謙虚な姿勢のまま「道」を追求することが、その美学をより洗練させるだけでなく、結果的に持続可能性を生み出している。

華道の池坊家、和菓子の黒川家、さらに世界で最古の会社とされる金剛組などにも同じようなことがいえる。他者に対して誠実な態度と適切な配慮を施しながら、控えめな姿勢で「道」を究めていく。結果として、日本で何かが真剣に始められたら、それは長い時代にわたって継続される可能性が高いのだ。

伊勢神宮もまた、持続可能性の象徴の一つといえるだろう。由緒ある歴史的建造物というだけでなく、定期的に建て替えられていることに注目すべきである。

内宮、外宮《げくう》の二つの正殿と一四の別宮から成るすべての社殿、それから神宝類、ご装束に至るまで、伊勢神宮ではこれらが二十年ごとにすべて造り替えられている。記録によれば、この遷宮の歴史は、戦争や社会的混乱により多少変則的になることはあったものの、過去千三百年にわたって継続されているのだから驚くばかりだ。このような仕組みは、海外はもちろん、日本国内でもほかに例を見ない。実際に、一度の遷宮には、想像以上に莫大なコストと手間がかかっている。社殿に使う一部のヒノキは、サイズ的に二百年以上の樹齢のものでなくてはならない。よって、専用のヒノキを何百年も前から育てる必要があり、日本各地でそのための育成環境を確保している。また、組み立てにも特別な技術を要するので、社殿建築に携わる技術の高い大工の養成、援助が欠かせない。「二十年ごと」というスパンの根拠に、社殿建築の大工技術と経験の伝承を目的とする説もあるほどだ。

一方で、役割が終わった古殿の木材はどうなるのか。たとえば、内宮と外宮の正殿には、「棟持柱《むなもちばしら》」という建物を支えるための大きな柱がある。一〇メートル以上にも及ぶこの柱は、遷宮後は宇治橋の鳥居として伊勢神宮を守っていく。さらに二十年経つと、今度は桑名の「七里《しちり》の渡し」と「関の追分」の鳥居として、地域の人たちを守る役割を担う。棟持柱以外の部分は、建て替えが必要な全国の神社に振り分けられる。こうした取り組みは、八百万の神を基盤とする高い精神性の表れであると同時に、エコの観点でもじつに合理的だ。伊勢神宮と地方の神社とのつながりも、このような仕組みによってしっかり保たれている。

現在では、およそ一〇〇人の神職と五〇〇人のスタッフが伊勢神宮の運営を支えている。それに加えて、大工、職人、林業従事者など、間接的に神宮を支える人たちがいる。さらに日本全国の神社との連携を考えると、伊勢神宮と遷宮に携わる人々の数は膨大なものになるだろう。ぼくは以前、そうしたスタッフの方々とお話しする機会に恵まれた。いずれの方々もみな、創意工夫に満ちた素晴らしい才能の持ち主でありながら、じつに謙虚な人柄であることが印象的だった。神宮を支えるこれらの人々の組織化と調和もまた、持続可能性という尊ぶべき伝統の一側面なのである。

インターネットは、たしかに時代を変えてきた。しかし、次の百年間といわずとも、次の十年間、そうしたプロトコルに基づいた社会が持続可能かどうかは誰もわからない。スティーブ・ジョブズ亡きいま、これからアップルが千年間存在することを想像すれば、それがどれほど難しいかは想像に容易いだろう。新しいものが生まれては、瞬く間に消えていく。そんな時代において、日本が育んできた持続可能性は、一つのモデルとして探求されるべきテーマであると感じている。

それは冒頭で述べたとおり、一見すれば、地味で凡庸なものに見える。しかし、そのような哲学、文化形成、人間関係の構築が、しばしば物事を完璧と呼ばれるほどの水準にまで高めてしまう。伊勢神宮の遷宮、新幹線の運行、茶道、小野さんが握る鮨。枚挙に暇がない日本文化の誇りは、イノベーションが目覚ましい現在とは真逆の、謙虚でおおらかな精神性が生み出してきたものなのかもしれない。

第5章 「日本型プラットフォーム」の可能性

白洲次郎に日本人が強く惹かれる理由

これまでの章で、日本という国の独創性と世界においての立ち位置について述べてきた。この章では、ぼくたち日本人がどのような〝テンション〟で未来と向き合うべきかを考えてみたい。最初に、白洲次郎を例に挙げたいと思う。

白洲次郎その人に関しては、あらためて説明をする必要もないだろう。戦後、連合国軍占領下の日本で吉田茂の側近として活躍し、GHQの要人に「従順ならざる唯一の日本人」といわしめた男だ。また、イギリス仕立てのスーツに身を包み、齢八十になるまでポルシェを乗り回すなど、ダンディズムの象徴とされる一面ももつ。その生きざまには諸説、賛否両論あるが、いまなお定期的に〝白洲次郎ブーム〟が起きることからも、何かしら日本人の心を捉えてやまない魅力があることは確かだろう。

数あるエピソードのなかでも、白洲がGHQのコートニー・ホイットニーにかけた言葉は印象深い。ホイットニーといえば、ダグラス・マッカーサーの右腕として、日本国憲法草案を指揮した大物官僚である。彼が白洲に向かって「日本人なのに英語がうまいじゃないか」

といったところ、返す刀で「あなたの英語も、練習すればもっとうまくなりますよ」とやり込めた。イギリスのケンブリッジ大学に留学経験があり、「オックスブリッジアクセント」と呼ばれる格式高い英語を使いこなしていた白洲ならではの痛快なエピソードだ。ほかにも、サンフランシスコ講和条約の調印式における吉田茂の演説草稿を英語から日本語に変更させたり、天皇からの贈り物を「その辺に置いておけ」と言い放ったマッカーサーに苦言を呈したりと、どんな状況、どんな人物にも屈しない破天荒なエピソードはあまりにも有名である。そしていうまでもなく、彼のよい意味で〝日本人らしからぬ性格〟が、多くの人に魅力的に映るのだろう。

では、そうした白洲次郎の魅力の本質とは何だろう？　それは、日本という国を熟知し、客観的に見ることができた視野の広さにほかならない。白洲次郎のイギリス留学は、その点で大きな意味をもつ。

旧制中学を卒業した白洲は、単身でイギリスに渡り、ケンブリッジ大学クレア・カレッジに入学する。そこからじつに七年もの長きにわたって現地に滞在し、ヨーロッパ近世史を学ぶとともに、流暢《りゅうちょう》なキングス・イングリッシュを身につけた。そうして帰国後、間もなく始まった戦争に猛反対し、召集を逃れて独自の疎開生活を送る。海の外の様子を身をもって知っていた白洲は、戦争が始まる前から日本が負けることを確信していたのだ。

戦後、吉田茂に駆り出されてGHQの矢面に立った際も、「従順ならざる」態度を必要に応じて貫いた。戦争に負けて植民地ムードが漂う日本においても、屈することなく〝白洲流〟を押し通せた理由の一つには、イギリスで高い水準の教育を受けていたことがあるだろう。そしてもう一つは、日本という国の文化・歴史を熟知し、海外生活を通じて日本を客観的な視点で捉えられていたことだ。そこから来る絶対的な自信が、白洲次郎その人をつくり上げたといっても過言ではない。

ぼくにもイギリスの留学経験がある。若いころに留学してまず痛感したことは、日本に対する己の知識のなさだった。自身が根無し草であると、妙に外国文化に傾倒して〝○○かぶれ〟になったり、必要以上に外国文化に拒否反応を示したりするようになる。一方で、自国の文化を熟知し、誇りをもっていれば、自信をもって相手と渡り合える。なぜなら、多様な人種がひしめく海外では、お互いの国の文化や政治について話す機会が少なくないからだ。そうした経験を通してあらためて日本を客観視し、その特異性を知ることができる。決して大げさな話ではなく、海外で勉強をするにもビジネスをするにも、こうした教養があるかどうかが成功の鍵を握っている気がする。それを体現したのが、白洲次郎だと思うのだ。

しかしながら大切なことは、白洲次郎はあくまで「対等」であったという点である。たしかに白洲はGHQに尻尾を振っていない。同時に、彼らを批判もしていない。その根底には白洲のいう「プリンシプル」があり、傍若無人に見える思想や振る舞いは、彼にとっては、あるいはグローバルな視点で見ても、極めて自然体であったことを理解しなければならない。

プリンシプルを直訳すると「原則」という意味になるが、白洲が主張した「プリンシプル」は、しばしば「筋を通す」といった意味で使われる。これが示すとおり、彼はGHQの高官にも、ときの総理大臣にも、あるいは自分の部下や運転手、ファッションや趣味のゴルフに対しても〝筋を通して〟いる。どちらか一方を優遇する、または批判するのではなく、あくまで自らの基準において自然体の態度を貫くという、とてもシンプルな考え方を全うしているのだ。こうした白洲の生き方は、日本人の未来への向き合い方を考えたときに、一つのヒントになると思う。

「クールジャパン」という言葉が出てきて以降、「日本はスゴイ」「日本はこんなに世界から愛されている」という認識が高まっている。本書でも、冒頭でそうした日本の特異性について述べてきた。一方で、内政・外政において、またはその国民性やライフスタイルにおいて、「日本はダメだ」という自虐的な批判も蔓延している。そう考える根拠や基準はどこにあるのかを考えたとき、その大半がいまだに海外にあることは否定できない。それはひとえに、いまの日本人の歴史や文化に対する教養のなさを物語っているような気がしてならないのだ。

とはいえ、海外の目線を通してでも、自分たちの国の特異性を認識できるようになったのは大きな一歩である。日本〝スゴイ論〟も〝ダメ論〟も淘汰されつつあるいま、次に求められるのは「自然体のコミュニケーション」だと思う。自国についての教養を身につけ、物事を自分の基準で判断できるようになって初めて、世界と対等にコミュニケートできるようになるのではないか。そんなことを、白洲次郎の生き方から感じるのである。

カウンターカルチャーをアップデートせよ

あらゆる伝統工芸、製造業、建築、雑貨など、世界が注目する〝メイドインジャパン〟は枚挙に暇がない。その根底にあるものは、これまでの章でも触れた日本人の「こだわり」精神や「真面目」さ、さらには「もののあはれ」に代表される日本独自のクオリアで、それらが集結されて日本のモノづくりが完成されている。ここでは一つ、そこに「カウンターカルチャー」の存在を加えたい。

以前、シンガポールで開催された学会に参加した際、「日本の漫画やアニメーションがどのように生まれ、どのように支持されたか」というテーマが話題になった。これほどまでに世界を席巻した日本のアニメ文化を生み、形成したのはどんな社会的権威なのかという点に、世界中の学者たちが興味津々だった。しかし、ご存じのように、そうした文化を支えてきたのはいわゆる社会的権威やエリート層ではない。漫画においては、のちの巨匠たちが「トキワ荘」と呼ばれる四畳半の木造アパートで切磋琢磨していたのは有名な話だし、アニメにおいても、いわゆる〝オタク〟と称される人たちの熱烈な支持によって開花した文化である。

日本の歴史を振り返ると、そうした流れで発展したカウンターカルチャーが少なくない。意外なところでは、大衆芸能としての地位を築いた能や歌舞伎もそれに当てはまる。観阿弥、世阿弥が能楽で人気を博した当時、将軍・足利義政が能に親しもうとしたところ、「あのような者どもにかかわってはいけません」と周囲の猛反対にあったエピソードはよく知られている。常識破りの「かぶき者」の風俗を原型とする歌舞伎も、まさに民衆から生まれた文化の代表例だ。また、いまや全国から一二〇万人が訪れる「阿波踊り」も外せない。徳島出身の「チームラボ」代表・猪子《いのこ》寿之《としゆき》さんによると、行けば街のいたるところで人々が勝手に踊っていて、もともとは自然発生的に行なわれていたそうだ。近ごろでは累積赤字が問題になり、あわや中止の危機かと報道されていたのが記憶に新しい。元来、阿波踊りとは自発的なエネルギーから生まれるもので、地元の人からすれば、組織委員会などから「こうしなさい」といわれるのは根本的に間違っているという。

海外で絶賛された映画『ゴジラ』も、広い意味ではカウンターカルチャーの一端と考えることができる。〝オタキング〟こと岡田斗司夫さんいわく、「映画やアニメ作品に登場するモンスターは、その時代ごとの最新の科学によって形作られる」（『岡田斗司夫ゼミ』二〇一八年七月八日放送）という。たとえば、生体電気が発見され、「カエルの死体に電極を当てるとピクッと動く」という実験が行なわれていた時代には、小説『フランケンシュタイン』が執筆された。また、遺伝子工学がもてはやされれば、遺伝子操作で生まれた恐竜が暴れまわる『ジュラシック・パーク』が上映された。同じように『ゴジラ』も、その着想は原爆実験の恐怖体験にある。その意味では、世相や反骨精神を反映するカウンターカルチャーの一つにカウントしてもよいのではないかと思う。

すでに多くの人が実感しているように、そうした日本のカウンターカルチャーには、世界を虜《とりこ》にする魅力が十分にある。しかしながら、当の日本人は、長いあいだ「まさか世界には通用しないだろう」という先入観をもっていた。メインカルチャー、ハイカルチャーならまだしも、同人誌やコスプレに世界が夢中になるとは誰も思わない。そもそも、「世界はどう感じるか」という客観的な発想自体がない。そうした島国ゆえの〝ちょっとした油断〟があるために、日本人は世界的な視野の戦略やプラットフォームの構想力に欠けているきらいがある。

対照的なのが韓国である。もはや世界的なコンテンツとなったＫ－ＰＯＰだが、その土台には国策としての取り組みがある。税金を投入し、世界的ヒットを視野に入れてアーティストを育成しているから、パフォーマンスのクオリティも当然高い。鴻上尚史《こうかみしょうじ》さんの著書『クール・ジャパン!?』（講談社現代新書）の言葉を借りれば、「国の機関が先頭で旗を振るかどうか。それが〝韓流〟と〝クール・ジャパン〟の違い」ということになるだろう。

もっとも、カウンターカルチャーの世界的なヒットを受けて、日本でも経済産業省で「クールジャパン戦略推進事業」が発足された。ところが、やはり日本は、文化に国が介入し、事業として昇華させることが苦手なように思える。新しい文化であるアニメや漫画については、官僚のおじさんたちの理解が追いつかないのも原因の一つだろう。同時に、つくり手のほうもまた、自分たちの文化を世界に広めようという意欲や、試行錯誤する熱意に欠けている気がする。「自分たちでつくった文化は自分たちのフィールドで楽しむもの。そこにグローバルな思想は持ち込まない」。ひょっとしたら、そんな意識が多少なりともあるのかもしれない。

一方で、根本にそうした意識があるからこそ、日本のカウンターカルチャーは活気づき、魅力を増してきたともいえる。たとえば、近年海外で人気を集める日本の漫画やアニメは、SFでもなく、ファンタジーでもなく、ごく当たり前の日常を舞台にしたものが多い。それらは「日本のこういう景色を見てみたい」「あの食べ物を食べてみたい」といった、外国人の日本への興味喚起を意図せずに導いている。そうした意味では、世界で評価されている日本のカウンターカルチャーは非常にピュアなものであり、現代におけるありのままの日本が世界を惹きつけていることの表れでもある。

デジタル分野の躍進が目覚ましいいま、このカウンターカルチャーをもう一段上のステージへとアップデートさせる必要があるのではないだろうか。そのやり方の一つはすでに述べたとおり、自国の歴史・文化を理解したうえで、それらが世界を惹きつけるのに十分な魅力を携えたコンテンツだと認識すること。そして、それらを管理して発信するためのシステム構築にも目を向けること。じつはこのシステム構築こそが、日本最大の弱点であり、チャンスでもあるのだ。

モノづくりとプラットフォームは相反するか

日本は世界規模のシステム構築力に欠けている。そのことが、これからの日本の在り方を考える際にどのような意味をもつのか、ぼくなりに考えてみたい。

ここでいう世界規模のシステムとは、プラットフォームをはじめとするＩＴの組織体系やあらゆる分野における物流など、とにかく大きな〝フレーム〟をイメージしていただきたい。日本が得意とするモノづくりやコンテンツづくりを管理統括するもので、ある意味では、それらと相反する性質のものである。まず、プラットフォームの重要性に焦点を当ててみよう。

そもそも、ここ数年で当たり前のように使われるようになった「プラットフォーム」とは何なのか。もともとは「土台」「基盤」といったニュアンスの言葉だが、ＩＴ革命以後の二〇〇〇年代から現在までのあいだに、それとは異なる意味合いをもつようになってきた。尾《お》原《ばら》和啓《かずひろ》さんの『ザ・プラットフォーム』（ＮＨＫ出版新書）によると、「個人や企業などのプレイヤーが参加することではじめて価値を持ち、また参加者が増えれば増えるほど価値が増幅する、主にＩＴ企業が展開するインターネットサービス」のことだ。旅行、買い物、ビジネス、SNSなど、いまや何をするにおいても不可欠な存在であり、個人・企業におけるITツールの民主化を爆発的に飛躍させたともいえる。

同書では、プラットフォームがぼくたちの未来をいかに左右するかがわかりやすく解説されている。世界を大きく変えたという意味でいえば、第4章でも触れたチュニジアの「ジャスミン革命」、香港で起きた「雨傘革命」などは、SNSによる情報交換が民主化運動に大きな役割を果たした。

もちろん、プラットフォームによって、ぼくたちの日常も激変した。EC（電子商取引）サイトを利用することで買い物が便利になっただけでなく、都市部と地方との格差の緩和にも貢献している。食事にはグルメサイトを活用してレストラン選びの失敗を防ぎ、そこで撮影した写真をSNSにアップして感動を共有する。結婚、出産、引っ越し、転職……こうした人生における一大イベントの際は、多くの方が専用の情報サイトへアクセスするだろう。これら便利なツールを司るのは、すべてプラットフォームだ。もはや大半の人たちにとって、「インターネット＝プラットフォーム」という図式が完成されており、それは決してここ数年といったレベルの話ではない。

それでは、なぜいま、あえて「プラットフォーム」という言葉が注目されているのか。そこにはいわゆるＧＡＦＡの存在がある。テクノロジー業界の四強といわれて誰もが思いつくであろう巨大企業。二〇一七年のＧＡＦＡ四社の売上高の合計は、約六三兆一二一八億円にも達している。さらに、直近の株式市場における四社の時価総額は、合計で約二七一兆二〇〇〇億円。二〇一八年十月末時点の東京証券取引所に上場する全銘柄の時価総額合計が六三四兆円程度であることを考えると、たった四社のＧＡＦＡが国家レベルの経済規模を有しているといっても過言ではない。いまではさまざまな問題が指摘され、アリババやネットフリックスなど次世代プラットフォームの参入も話題になっているが、これらは少なくとも過去二十年において、歴史上かつてないほどの知識や経済効果、あらゆる分野におけるさまざまな発明をもたらしてきた。

なぜＧＡＦＡは、もはや定着というより支配に近いほどの圧倒的な存在になったのだろうか。各企業の経営戦略や独自の企業理念といった細かい話は山ほどあるが、重要なのは、プラットフォームが「ネットワーク効果」を基盤としたビジネスである点だ。

ネットワーク効果とは、黎明《れいめい》期のアメリカの電話会社で見られた経済効果のこと。たとえば電話のように、利用者が多ければ多いほどネットワークの価値が増し、利便性が高くなる効果のことをいう。ＩＴのプラットフォームにおいては、ネットワーク内にいるユーザーだけではなく、外部の企業から見ても利用価値が高まるのがポイントだ。数あるショッピングサイトからアマゾンを選ぶことで、出店している企業の利益にもつながり、ユーザーを含める三者において好循環が生まれる。さらに、巨大なプラットフォームを築き上げるには、こうしたネットワーク効果を最大限に活性化させる必要がある。そのためにはつねに新しいシステムやサービスを提供することが求められ、大規模で長期的な投資を可能にするための巨額なキャッシュが不可欠だ。そうした設備投資が可能なGAFAがますます力をつけていくという仕組みが、ここにでき上がる。

いうまでもなく、豊富な資金力はサービスのさらなる向上にもつながる。とくに顕著なのがAIへのアプローチだ。AIといえば、グーグルが開発したコンピュータ囲碁プログラムのAlphaGoが二〇一六年に世界最強の棋士・李世乭《イセドル》氏を破り、二〇一七年には中国の柯潔《かけつ》氏に勝利したことで大きなニュースとなり、飛躍的な発展を証明してみせたことが話題となった。このAIにそれぞれに備えられたビッグデータを分析させ、より精度の高いデータを蓄えることで、サービスの質を格段にアップさせて顧客を拡大する。こうしたスパイラルで成り立っているのが、ビッグ4であるGAFAなのだ。

システム構築力の低さに加え、市場そのものの規模といった点でも、日本は世界レベルのプラットフォームには太刀打ちできないように見える。むしろ、GAFAのような巨大企業と同じ土俵で語ること自体が間違いだという人もいるだろう。

しかしながら、各々の企業理念に注目してみると、意外にも日本との共通点を見つけることができる。もっともわかりやすいのがアップルだ。

日本でのiPhoneのシェアは、世界でも非常に高いといわれる。ときに「宗教」と揶揄されるほどの絶対的なブランドイメージが強いアップルだが、日本では女子高生も大半がiPhoneを使っている。その理由には、携帯会社の価格戦略や「みながもっているから」という心理もあるかもしれないが、やはりデザインをはじめとする世界観の魅力が根本にあるのではないかと思う。

シンプルで洗練されたアップルのデザイン性は、本来、誰よりも日本人に訴えかけるものではないか。加飾を避け、余計な要素を徹底的に排除したアップルの製品群は、日本人が古来から大切にしてきた「用の美」の概念に通じるものがある。それに加えて、日本人が得意とする職人気質も持ち合わせる。たとえば、MacBookをスリープ状態にする際のLEDライトの点滅速度は、人が眠るときに心拍数が下がり、心臓の鼓動が減速するのと同じ速度に設定されているそうだ。先の尾原氏の言葉で表すなら「我が子を眠りにつけるときの愛おしさ」を感じさせるほど、製品への愛情がすさまじい。「直感的な操作」へのこだわりには、情報を体感的に紐づけ、「世界」を自分の一部にすることで、より自分らしく生きるという哲学が込められている。

プラットフォームといったシステム構築は、日本が得意とするモノづくり・コンテンツづくりと相反する性質をもつと述べた。そもそも、枠組みと中身では取り組み方からして違うのだから、当たり前の話だ。しかしながら、アップルは例外的にその両方を兼ね揃えており、そうした意味でGAFAでは特異的な存在である。そして、そんなアップルのプロダクトへのこだわりは、日本のモノづくり精神に通じるところがあるのではないかと思うのだ。

システムからコンテンツを強化する任天堂

そうした意味では、任天堂は日本でもっとも成功した「プラットフォーム」だといえる。ここでは「ハードとソフトの両方を開発している」点で、プラットフォームという言い方をする。

任天堂とアップルは以前からその類似性を指摘されており、比較されることが多い。まず、

「ＤＳとマリオ」「ｉＰｈｏｎｅとｉＯＳ」といったように、両社ともハードウェアとソフトウェアの一体型のビジネスにこだわりつづけている。それによって、任天堂はゲーム人口を、アップルはインターネット人口を拡大し、市場を広げた。さらに、経営トップがクリエイターでありつづけ、つねに商品のコンセプトデザインにかかわっていることも類似点として挙げられるだろう。

一方で、決定的な違いもある。井上理《おさむ》さん著『任天堂』（日経経済新聞出版社）より、任天堂の元代表取締役社長である故・岩田聡氏の言葉を抜粋する。

「どうすれば任天堂の強みを発揮できるだろう、会社の明るい未来はどうしたら描けるんだろうといろいろやってみたら、結果、人は『任天堂ってアップルに似ているよね』と言ってくださるようになった。でも、うちは娯楽の会社で、アップルはハイテクの会社。やっぱりやり方が違うところは、たくさんある」

ゲームは娯楽品。かたや、スマートフォンやパソコンは生活必需品。しかも、ゲーム機を使ってゲームに興じる人は年々、減少傾向にある。そうした厳しい環境のなかでもヒットメーカーでありつづけた任天堂の根幹には、アップルを凌ぐほどのモノづくり精神があったのではないか。

マリオやポケモンなど、キャラクターづくりにおいて日本は超一流だ。それをコンテンツ化し、「DS」や「Wii」などのハードに落とし込んで世界中に流通させたという意味で、任天堂はプラットフォームとしてのグローバルな成功を収めている。もちろん、ハードはあくまでハードであって、ITにおけるプラットフォームでは同じようにはいかないだろう。しかし少なくとも「システムを構築する」という意識があれば、モノづくり、コンテンツづくりも格段に飛躍するはずだ。

たとえば、人々の深刻なゲーム離れで、任天堂も伸び悩んだ時期があった。「ニンテンドーロクヨン」「ゲームキューブ」など内容的にも技術的にも最高水準のゲーム機を開発しても、そもそも据え置き型のゲーム機で遊ぶ人口が減っており、業績を上げるに至らなかった。そこで開発部がとったのが、「技術を捨てる」という究極の選択肢だった。

CPUやグラフィックプロセッサーといった半導体、DVDなどのディスクメディア、無線LANのためのワイヤレス。そうした技術の進化をベースとした開発を中止し、代わりに任天堂が掲げたのが、「お母さん至上主義」の開発である。ゲーム人口の拡大のためには、かつてはゲームの敵とされた母親を含む家族全員が楽しめるコンテンツが必要だ。そのための、誰もが操作可能なわかりやすいハードの開発に取り組んで生まれたのが「Wii」と

「ＤＳ」で、どちらも世界的なヒットを記録したのはご存じのとおりである。

こうしたハードの誕生に伴い、「Ｗｉｉ Ｆｉｔ」や「脳を鍛える大人のＤＳトレーニング」など、それまでにない毛色のゲームタイトルも続々と誕生した。その勢いはいまだ衰えず、「Nintendo Switch」の新型が発売されるという噂も世界を大いに賑わせた。任天堂のこうしたチャレンジは、システムが変わればコンテンツもアップデートされる一例にならないだろうか。

モノづくり大国だからこそ成しえるプラットフォームのかたち。これを手にしたとき、間違いなく日本のモノづくりはバージョンアップを遂げるだろう。システムの構築力は、現存するモノづくりやコンテンツの新たな魅力の開拓にもつながるのだ。

鮨やどんぶりも「日本型プラットフォーム」

現段階では、ＧＡＦＡのような巨大プラットフォームを日本が構築することは難しいだろう。むしろ、そこをめざす必要すらないのかもしれない。そして、日本だからこそ形成できる「日本型プラットフォーム」の在り方と可能性について考えることが、おそらく未来においては大きな意味をもつ。

尾原さんの本に詳しいが、日本型プラットフォームは独自のポテンシャルを携えている。楽天、ZOZOTOWN、LINE、食べログ……。国内には例を挙げればキリがないほど多彩なプラットフォームが溢れているが、そのどれもがぼくたち日本人の生活に密着し、確立されたネットワーク効果を築いている。とくに楽天は、あの独自のサイトデザインも、じつはアマゾンよりも品揃えが多いという点においても、唯一無二の日本型プラットフォームといえるのではないか。

たとえば、自身がオンラインストアとして機能しているアマゾンは、各店舗がアマゾンに「出品」する形態をとっている。対して楽天の場合、各店舗が「出店」する「モール型サイト」という手法を採用している。その結果、楽天のような「出店」タイプだと、店舗同士で得意分野の棲み分けが進み、各店舗の個性化が進んでいく。楽天という巨大ショッピングモール内で自由競争が自然と行なわれ、それに伴って、楽天自体もますます成長していくというウィンウィンの仕組みが確立されているのだ。

楽天では年に二度、出店している店舗が全国五都市で集まる会が催されている。そこでは店舗同士がお互いのノウハウを共有し、切磋琢磨しているという。それはもはやライバルというよりは、「ＥＣサイトという新天地に挑む仲間同士」に近い存在だと尾原さんは語る。「横のつながり」を大切にする楽天のそうした独自性に、どこか日本の「和」を基盤としたプラットフォームの仕組みを見出せはしないだろうか。

一方で、世界で知られる日本型プラットフォームといえば、やはり先述した任天堂、そしてソニーといったグローバル企業がそれに当たるだろう。ちょっと飛躍するかもしれないが、個人的には、そこに「鮨」や「どんぶり」といった、クールジャパン的なコンテンツも加えてもよいのではないかと思っている。そして、そこにこそ歩むべき日本の姿があるのではないだろうか。

鮨は、じつはとても汎用性が高いグルメである。「そんなの邪道だ！」という意見はさておき、その存在が世界に知れ渡ったいま、もはや酢飯の上に何を載せても鮨として成立してしまう。アボカドとカニカマを巻き、たっぷりとマヨネーズをかけたカリフォルニアロール。クリームチーズとサーモンをトッピングしたフィラデルフィアロール。カニのから揚げを巻いたスパイダーロール。うなぎとアボカドを巻いたドラゴンロール。酢飯という「プラットフォーム」においては、かなり自由で独創的なＳＵＳＨＩ・ワールドが展開されているのだ。アイデアに溢れたそんな鮨を食べた外国人があらためて日本に興味をもち、日本に行ってみたい、文化を知りたいと思えば、それが新たな経済効果を呼ぶ。それはある種のネットワーク効果であり、そうした意味では、鮨やどんぶりを、日本型プラットフォームの一つと捉えてみるのも面白いだろう。

ご存じのように、鮨などの日本食、アニメやコスプレといったポップカルチャーは世界中から評価されてきた。そうした、いわゆるソフト・コンテンツはプラットフォーム的な役割も担っているため、よりワールドワイドな吸引力をもっている。日本人が独自にもつ真面目さや繊細さ、クオリアが生み出すソフトがより多様化すればするほど、日本の魅力はこれまで以上に世界でバスると思う。何より、GAFAなどの大企業を意識しすぎて巨大なプラットフォームをつくろうとしても、身体化できなければ意味はない。それはもはや、明治の日本への逆戻りである。肩ひじを張らず、等身大でいることは、持続可能性にもつながる。そんな気楽なスタンスでいることが、日本に明るい未来をもたらすのではないか。

日本の歴史はあらゆる「探求学習」の宝庫だ

それでは、そのような日本型プラットフォーム、およびそれを形成するモノづくり・コンテンツづくりの進化を図るためにはどうすればよいのだろうか。未来を担う人材教育の観点においては、一人ひとりの探求学習の精度を高めていく必要がある。

二〇二〇年から行なわれる予定の教育改革では、アクティブラーニングの導入やプログラミング教育の実施といった内容が盛り込まれている。探求学習もその一つだ。従来のように、出題された問題に対して一つの解答を誰かに教わるのではなく、問題や課題そのものを自分で設定する。その答えを見つけるために、自らのやり方で情報を収集、整理しながら、他者との議論や協力を経て、独自の最適な答えを導き出していく。さまざまな考え方があるだろうが、探求学習とは、大まかにいえばこのような学習形態のことだ。

探求学習を積み重ねれば、間違いなく、独自の発想力や挑戦する行動力、新しい価値観を受け入れる柔軟性が培われていくだろう。それはどこか、日本人が不得意とする夏休みの自由研究に近い。学びの自由度が高ければ高いほど、画一化された教育環境で育った日本人は、そこに苦手意識を感じる傾向にある。事実、そうした認識があるからこそ、教育改革によってあえて指導要項に付け加える必要があったのだろう。

しかしながら、日本の歴史を繙いてみると、それはまるで探求学習の宝庫なのである。疑問をもち、自らの足でリサーチを重ね、その考察に明け暮れる。歴代のほとんどの先人たちは、そのようにして、それぞれのテーマに人生を捧げてきた。

たとえば、江戸時代に蘭方医の杉田玄白《げんぱく》らによって翻訳された『解体新書』などは、探求学習そのものだ。驚くべきことに、翻訳を担った杉田玄白、中川淳庵《じゅんあん》はオランダ語がまったく読めず、前野良沢《りょうたく》に至ってもわずか一〇〇語程度のオランダ語がわかるのみだったという。鎖国の影響で周囲にオランダ語を習得している人がおらず、その翻訳作業は困難を極めた。

たとえば「鼻」の解読は、当時の苦労を表す有名なエピソードとしてよく知られている。『解体新書』に出てくる「フルヘヘンド」という言葉の意味がわからず、他の書物でどのように使われているかを調べたところ、「落ち葉を集めるとフルヘヘンドになる」という記述を発見した。別の書物からは、「顔の中央」を示す言葉であることも発見した。このことから、顔の中央で高く積み上げられるもの、つまり「鼻」という単語にたどり着いたという。なんだか、日本語の文字化を実現した太安万侶の苦悩すら思い起こさせる。もはや翻訳というよりも、それは暗号解読作業に近いものだった。

もちろん、『古事記』から「もののあはれ」の本質を見出そうとした本居宣長や、地質学者であり蘭学者、俳人や発明家としても知られる平賀源内も探求学習のプロたちだ。日本は意外と、探求学習のツワモノたちが数多く存在し、それをライフワークとして活躍できる場所が用意された国だった。そしてそのようなＤＮＡを受け継いでいるぼくたちもまた、本質的には探求学習を得意としているはずである。「道」「こだわり」にも通じるとおり、本来、何かを突き詰める素質は十分に備えていることを、もっと自覚していくべきだと思うのだ。

教育する側においては、そうした各々の個性をどのように受け止めるかが課題になるだろう。近代化に伴う学歴社会においては、テストで高得点をとった者が秀才のポジションに立つシステムが形成されてきた。しかし、社会のビジネスモデルの変化に伴う教育改革が行なわれれば、そのようなシステムにもモデルチェンジが必要だ。そもそも日本は、織田信長や豊臣秀吉をはじめ、個性の塊のような人物が天下をとるような国であることを忘れてはならない。

近年では、プラットフォームによる学びの場も注目されている。非営利の教育サービス「カーンアカデミー」などは、まさにこれに当たる。設立者のサルマン・カーン氏がいとこの家庭教師をしていたことに端を発して始まったプロジェクトで、現在では数千本ものビデオ教材をインターネット上で閲覧でき、世界中で六〇〇万人以上が利用している。詳しくは前述の尾原氏の同書に書かれているのでぜひ読んでいただきたいが、「カーンアカデミー」

というプラットフォームのもっとも偉大な発見は、インターネットを通じたサービスを展開することにより、日常の授業に変化が訪れた点にある。事前に動画を観て予習をすることで、受け身だった授業が先生と生徒、あるいは生徒と生徒が質疑応答をし合うインタラクティブな交流の場に変わったのだという。

「デジタルができること」を利用して、より人間らしい生活を送る。こうした取り組みはAIやロボットの分野で期待されていることだが、プラットフォームでも実現可能であることが実証されたのだ。これまではただ漠然と聞いているだけだった授業に変化が訪れ、より有意義で主体的な教育が可能になるだろう。

一方で、日本が得意分野としているモノづくり・コンテンツづくりの未来はどうだろうか。グローバルな視点で見れば、プラットフォームどころか、得意であるはずのモノづくりの分野においても日本は厳しい状況に立たされているといわざるをえない。その原因は、つまるところ、予算の違いによるところも大きい。莫大な製作費を注いでつくられるハリウッド映画やBBCのドキュメンタリーには、やはり日本は太刀打ちできない。「クールジャパン」のアニメ・漫画ブームも落ち着いた感があるいまこそ、自分たちの魅力の根幹にあるものに目を向けたい。

それには、再三述べているように、まずは文化や歴史の知識をつけること。そのうえで、何か一つでよいので、実際に自分でコンテンツをつくってみることをお勧めする。

じつはぼくも、アップルが開発した初心者向けの音楽制作ソフト「ガレージバンド」を使って楽曲を制作してみたことがある。マイナー時代にニコニコ動画で人気を集めた米津玄師さんや、ガレージバンドとMacBookだけでアルバムを制作してしまう電気グルーヴのすごさがあらためてわかった。すると、いままで何となく耳にしていた彼らの楽曲に対する聴き方に変化が訪れる。その瞬間から、音楽に新たな興味が湧いてくる。次第に、世界の見え方さえ変わってくる。一分の尺のアニメでもいい。簡単なアプリでもいい。何かを生み出すことを経験してみる。これがじつは、とても大切なことなのだ。

GAFA、任天堂の成功、探求学習の必要性。何やら大掛かりなことをとりとめもなく述べた気もするが、結局のところ、身近なところで小さな何かを生み出すという個人のアクションが、長い目で見れば日本全体のアップデートにつながるのではないか。それは、あらゆる分野で個人主義・創造化社会が叫ばれ、少数の天才がIT産業を動かしてしまうような時代において、真面目で、和を大切にする日本人にとってのちょうどよい打開策といえるかもしれない。

常識を疑え――そして真面目3・0であれ

「真面目」――真剣であること。本気であること。誠実であること。また、そのさま。第1章では「美意識としての真面目」について述べたが、ここでは、これから求められる新たな「真面目」についてお話ししたい。

真面目の概念は、時代によってアップデートされる。古くは生き方への美意識といった趣が強い。静謐《せいひつ》に生きる、慎ましく生きる。貧しくても心豊かであることが真面目の表れであり、いまでもぼくたちの深層にはそうした意識が残っている（と信じたい）。その後、日本が高度経済成長期を迎えると、集団内での常識を守り、誰かにいわれたことを粛々とこなすことが真面目という意味合いが強まった。人口増加、大量生産型社会においては、均一な教育のもとで足並みを揃え、無個性であることがもっとも効率的な経済戦略だ。そうして生まれたのがトヨタのクルマであり、ソニーのテレビであり、膨大なインフラであり、住宅ローンなどのさまざまな金融制度だった。

そしていま、時代は変わった。人口縮小、地方格差、テクノロジーの劇的な進化。そうしたさまざまな環境の変化に寄せて求められる真面目さとは、創造性があり、行動力があり、できれば何かに突き抜けていること。これが、バージョンアップした真面目3・0である。

そうした意味で、堀江貴文さんは真面目代表のような人物である。何かと話題に事欠かないためにアンチも多いが、彼ほど真面目3・0の定義に当てはまる人物はいない。ライブドア設立から球団買収計画、ニッポン放送買収計画、総選挙への出馬といった猛々しいキャリアにとどまらず、宇宙開発事業や通信制の教育機関のプロデュース、執筆業、タレント業など、これだけのことを精力的にこなせるバイタリティには頭が下がる。ちなみに、ぼくが堀江さんを「真面目な人」だと思ったきっかけは、中学二年から高校二年まで、その時間のほとんどをゲームとプログラミングに費やしたという話からだ。その時間は数万時間にも及ぶというのだから、これを真面目といわずして何といおう。SNSがよく炎上するのも、彼の真面目さや愚直さの表れではないか。

近ごろテレビで見かける機会も増えた落合陽一さんも、間違いなく現代を代表する真面目な若者だ。堀江さんがシステム構築に強いタイプだとしたら、落合さんは、システム構築にもモノづくりにも対応した貴重なハイブリッド型といえる。彼はよく、「何をするべきかを考えるのではなく、まずできることに向けて手を動かす」といった趣旨のことを口にする。

こうした信条があるからか、落合さんの労働時間は驚異的で、昭和のモーレツサラリーマンすら連想させられる。同じように、SHOWROOMの前田裕二さん、ユーチューバーのヒカキンさんなども、真面目で努力家な若者たちの代表だ。

もしあなたが、彼らをはじめ、周囲の若者を見た目や言葉遣いで判断し、「頭はよいかもしれないけど薄っぺらい」などと感じていたら、おやじ文化にどっぷり浸かってしまっていることを自覚したほうがよいかもしれない。一度腹をくって、過去の常識がいまの非常識である可能性について考えてみることをお勧めする。

過去の「真面目」は、もはやいまの時代にそぐわない。それどころか、場合によっては無個性、過重労働、非グローバルといったネガティブな要素もはらんでくる。すでにそうした弊害は、地方創生への取り組みにも現れてきている。木下斉《ひとし》さんの『地方創生大全』(東洋経済新報社)によると、政府の地方活性化プロジェクトの失敗の一因には、人口増加時代からの政策を愚直に繰り返したことが挙げられるという。状況を直視せずに過去の制度や常識に従い、日々「真面目」に業務をこなした結果、地元経済の衰退を引き起こしたのだ。そのうえで、木下さんは「変化を『非常識』で『不真面目』とみなし、潰すな」と訴えている。変化を受け入れられない「真面目」さは、もはや危険なものなのだ。

コンテンツの分野でも同じことがいえる。近年、世界中で盛り上がりを見せるeスポーツがよい例だ。二〇二二年のアジア競技大会に正式種目入りが決まり、海外には億を稼ぐプロゲーマーも存在する。しかしながら、eスポーツ後進国である日本では、同じゲームでも将棋や囲碁は受け入れるのに、ビデオゲームとなると途端に「しょせんゲームでしょ?」というスタンスをとる大人が少なくない。なぜか。「ゲームは親が子どもに買い与える娯楽」という昔からの「常識」を信じて疑わないからだ。

一方で、「常識」を打ち破って成功した例もある。たとえば、インバウンド業界がその一つ。いまや日本中どこへ行っても外国人観光客で溢れており、「観光ビジネス」という言葉は広く定着した。しかしながら、そもそも「観光=ビジネス」という発想は、先進国である日本にはなかったものだ。日本は観光立国としての大きなポテンシャルをもち、観光がビジネスとして成り立つ。こうした考えのもと、政府や地方自治体、民間企業を巻き込んで「変化」を起こした結果、インバウンドのさまざまな成功事例が生まれたのではないか。

さらに、前述したような「真面目」な若者がいまの日本に多数存在することは、未来への光明といってよい。考えてみれば、バブル以降に生まれた彼らは何をするにも浮ついた様子がなく、ある種の改良主義者が多い。加えて、明治以降に日本が追い求めてきた海外への過剰な憧れもない。物心ついたときから「グローバル」を知っていて、SNSを通じて海外文化を身近に感じているから、何事にも極めてフラットな姿勢で向き合っている。こうした世代が、システム構築力とモノづくりの力を兼ね備え、世界と勝負する日はそう遠くないと信じている。

最後に、「真面目」の語源を調べたところ、なかなか興味深かったので記しておく。「真面目」と書いて「しんめんもく」。もともと、中国・宋代の詩人である蘇軾《そしょく》が残した「柳は緑、花は紅《くれない》、真面目」という詩から引用された言葉だ。柳は新緑で、花は紅色。ありのままの自然の姿が美しい、という意味なのだそうだ。まさに、自然体のコミュニケーションをめざす次世代の日本人にふさわしい言葉ではないか。

おわりに――TEDで落語の「枕」が行なわれる日

この原稿を書いている最中に、橋本治さんが亡くなった。日本文化に精通していた橋本さんは、その軽妙でユーモアたっぷりの文章を使いこなし、多くの著作を残した。どの本からも垣間見える知識の深さと言葉の洒脱《しゃだつ》さには、いまもなお敬意を抱かずにはいられない。

以前、対談させていただいたとき、橋本さんが話された言葉で非常に心に残っているものがある。

「日本の知識人の課題は、江戸以前の日本をいかに理解するかどうかだろう」

橋本さんは浄瑠璃の造詣が深く、とりわけ近松門左衛門の研究に力を注いでいた。ぼくも、同じ伝統芸能である歌舞伎が好きで、学生のころからよく劇場に足を運んでいた。歌舞伎はちょうど江戸時代に入ったころに流行《はや》ったのだが、その先進性にはほんとうに驚く。

近代の芸能は、一人一役と決まっていることが多い。つまり、その人の人格は一つに決まっているのである。けれど、歌舞伎では、登場人物がどんどん様変わりしていき、この人だと思っていたのにじつは違う人に変わっているということがざらにある。一人で多様な役、多様な人格を演じる。それは、「和」を貴び、多様性を育んできた日本だからこそ生まれた芸術ではないだろうか。

江戸時代以前の地方分権的なライフスタイルにも学ぶことは多い。たとえば、「もののあはれ」の概念を確立した人として本書でも触れた本居宣長は、その生涯をほとんど地元の伊勢で過ごした。遊学で京都にいた時期はあるものの、江戸にはほとんど訪れていないといってよい。各藩が自立していた当時は、地方でも先進的な知識人がたくさんいたのだ。一方で、現在の日本では、質の高い学びを得るなら大都市へ出ていくことが普通だという感覚がいまだにある。地方分権が叫ばれて久しいが、依然として東京一極集中の時代が続いている。もちろん、どちらがよいとは一概にはいえないが、過去を振り返り、江戸から学ぶべきこともまだまだあるのではないか、というのがぼくの実感だ。

日本人は日本文化のいちばん面白いときを知らないのかもしれない。一時期、日本でもTEDが流行り、「プレゼンはこうあるべき」というプレゼンブームが起こった。しかしながら、そうした論理的な説明はTEDでやるからよいのであって、日本人は本質的には雑談を好む民族なのだと思う。

その雑談は、古典落語でいえば「枕」だ。落語では、本題に入る前に、そのときどきの時事ネタやお客さんのことを話題にした雑談を披露する。そうすることで、お客さんの気持ちをほぐし、会場の空気を柔らかくする。もちろん、TEDではこんなことはない。単刀直入に、一秒目から本題に入る。でもいま、雑談が海外でにわかに流行り出していることを想像すると、いずれTEDでも枕を行なう時代が来るのかもしれない、などという想像もしている。

いずれにしても、橋本さんの言葉どおり、日本は明治維新の印象が強く残っているため、明治以降とそれ以前である種の「分断」がなされている。何かを行なうときに、明治以降の文化や施策については参考にするものの、それ以前のこととなると、どこか遠くの別の国という印象を抱く人がいまだに多い。

けれどもいま、世界の人々が日本に求めているものは何だろうか？

本書で紹介したテッセイの新幹線清掃や近藤麻理恵さんの片付けの魔法、「こだわり」に「おまかせ」に「真面目」……。どれも、太古の時代から日本が育んできた美意識や習慣のうえに成り立ってきたものだ。そして、その「特異性」が、「地球村」になった世界で輝いているのではないか。

いま、世界は驚くほどのスピードで変化を続けている。その変化を先頭で率いているのは強大なプラットフォームビジネスで、とくにGAFAと呼ばれる四強は、まだまだその地位を譲る気配を見せない。もちろん、近年のAIの目覚ましい進化からも目が離せない。テクノロジーの存在感が日々増してきているなかで、各社はビジネスモデルの変化を余儀なくされているし、そこで働く人々は労働の在り方という根本的な部分にも目を向けはじめている。なかには、AIがどこまで仕事を〝奪う〟のか、シンギュラリティ（AIが人類の知能を超える転換点）はいつ来るのかと、不安に思っている人も多いだろう。

今日の常識が明日の常識とは限らない。一言でいえば、そんな時代にぼくたちは生きている。明確なものが見つけづらい時代だからこそ、未来だけでなく過去にもしっかり目を向け、自分たちのアイデンティティを再確認したうえでこれからを生きていかなければならないのだ。

もちろん、過去を学ぶといっても、肩ひじを張る必要はない。なぜなら、日本人の奥底にある「古層」には、何千年と受け継がれてきた日本的な美意識や価値観があり、それを土台にして生きていくことしか、ぼくたちにはできないからだ。そして、そんな何も意図しない「当たり前」のぼくたち日本人を、世界はいま、求めているのである。

最後に、本書の発刊に当たっては多くの人にお世話になった。編集のお力添えをいただいたモッシュブックスの金子拓也さん、フリーランスライターの荒井奈央さん、KADOKAWAの藤岡岳哉さんに、この場を借りてお礼をお伝えしたい。

茂木健一郎

二〇一九年四月

参考文献

第1章

遠藤功『新幹線お掃除の天使たち』（あさ出版、二〇一二年）
矢部輝夫『奇跡の職場』（あさ出版、二〇一三年）
近藤麻理恵『人生がときめく片付けの魔法』（サンマーク出版、二〇一一年）
竹田恒泰『日本はなぜ世界でいちばん人気があるのか』（PHP新書、二〇一〇年）
高野孟『最新 世界地図の読み方』（講談社現代新書、一九九九年）
里見真三『すきやばし次郎 旬を握る』（文春文庫、二〇〇一年）
伊藤氏貴『美の日本』（明治大学リバティブックス、二〇一八年）

第2章

内田樹『日本辺境論』（新潮新書、二〇〇九年）
網野善彦『「日本」とは何か（日本の歴史00）』（講談社学術文庫、二〇〇八年）
加藤周一・木下順二・丸山真男・武田清子『日本文化のかくれた形』（岩波現代文庫、二

〇〇四年）
橋本治『古事記（21世紀版 少年少女古典文学館1）』（講談社、二〇〇九年）
橋本治・橋爪大三郎『だめだし日本語論』（太田出版、二〇一七年）
山口謠司『日本語の奇跡』（新潮新書、二〇〇七年）
鎌田東二『神道とは何か』（ＰＨＰ新書、二〇〇〇年）
アーネスト・フランシスコ・フェノロサ『東亜美術史綱』（有賀長雄訳、フェノロサ氏記念会、一九二一年）
レナード・コーレン『Wabi-Sabi わびさびを読み解く』（内藤ゆき子訳、ビー・エヌ・エヌ新社、二〇一四年）
原研哉『デザインのデザイン』（岩波書店、二〇〇三年）
谷崎潤一郎『陰翳礼讃』（中公文庫、一九七五年）
千宗屋『茶 利休と今をつなぐ』（新潮新書、二〇一〇年）

第3章
茂木健一郎『クオリア立国論』（ウェッジ、二〇〇八年）

窪薗晴夫『オノマトペの謎』（岩波科学ライブラリー、二〇一七年）
夏目漱石『私の個人主義』（講談社学術文庫、一九七八年）
高橋克徳『みんなでつなぐリーダーシップ』（実業之日本社、二〇一七年）
茂木健一郎『IKIGAI』（恩蔵絢子訳、新潮社、二〇一八年）
宇佐美伸『すきやばし次郎 鮨を語る』（文春新書、二〇〇九年）
茂木健一郎『最高の雑談力』（徳間書店、二〇一八年）

第4章

落合陽一・猪瀬直樹『ニッポン2021-2050』（KADOKAWA、二〇一八年）
落合陽一『日本再興戦略』（幻冬舎、二〇一八年）
ハンス・ロスリング&オーラ・ロスリング&アンナ・ロスリング・ロンランド『ファクトフルネス』（上杉周作、関美和訳、日経BP社、二〇一九年）
ミッチ・プリンスタイン『POPULAR「人気」の法則』（茂木健一郎訳、三笠書房、二〇一八年）

第5章
鴻上尚史『クール・ジャパン⁉』（講談社現代新書、二〇一五年）
尾原和啓『ザ・プラットフォーム』（NHK出版新書、二〇一五年）
スコット・ギャロウェイ『the four GAFA』（渡会圭子訳、東洋経済新報社、二〇一八年）
成毛眞『amazon』（ダイヤモンド社、二〇一八年）
井上理『任天堂』（日本経済新聞出版社、二〇〇九年）
木下斉『地方創生大全』（東洋経済新報社、二〇一六年）

茂木健一郎（もぎ・けんいちろう）
1962年東京都生まれ。脳科学者。ソニーコンピュータサイエンス研究所シニアリサーチャー。東京大学理学部、法学部を卒業後、東京大学大学院理学系研究科物理学専攻課程修了。理学博士。理化学研究所、ケンブリッジ大学を経て現職。「クオリア」をキーワードとして、脳と心の関係を探求しつづけている。『脳と仮想』（新潮社）で第4回小林秀雄賞、『今、ここからすべての場所へ』（筑摩書房）で第12回桑原武夫学芸賞を受賞。近著に、『IKIGAI 日本人だけの長く幸せな人生を送る秘訣』（新潮社）がある。

なぜ日本《にほん》の当《あ》たり前《まえ》に世界《せかい》は熱狂《ねつきょう》するのか

茂木《もぎ》健一郎《けんいちろう》

2019年 5月 10日 初版発行
2023年 12月 25日 再版発行

◆◇◇

発行者 山下直久
発 行 株式会社KADOKAWA
〒102-8177 東京都千代田区富士見2-13-3
電話 0570-002-301（ナビダイヤル）

装 丁 者 緒方修一（ラーフイン・ワークショップ）
ロゴデザイン good design company
オビデザイン Zapp! 白金正之
D T P 有限会社エヴリ・シンク
印 刷 所 株式会社KADOKAWA
製 本 所 株式会社KADOKAWA

角川新書
 ISBN978-4-04-082253-2 C0230

KADOKAWAの新書 ❦ 好評既刊

偉人たちの経済政策
竹中平蔵

日本の歴史を彩る、数々の名君。彼らの名声の背景には、精緻な経済政策があった。現代の問題解決にも通ずる彼らの「リアリズム」を、経済学者・竹中平蔵が一挙に見抜く。

「砂漠の狐」ロンメル
ヒトラーの将軍の栄光と悲惨
大木　毅

「砂漠の狐」と言われた、ドイツ国防軍で最も有名な将軍にして、最後はヒトラー暗殺の陰謀に加担したとされ、非業の死を遂げた男、ロンメル。ところが、日本では40年近く前の説が生きている程、研究は遅れていた。最新学説を盛り込んだ一級の評伝！

韓《から》めし政治学
黒田勝弘

政治的激動をともなう大陸の歴史ゆえか、韓国では「まず飯を食う」が徹底しており、文化や社会生活のみならず、政治にも大きな影響を与えてきた。在韓40年の日本人記者が、半島政治を食を通して読みとく。

知らないと恥をかく最新科学の話
中村幸司

科学は、私たちが夢見た「未来」にどこまで近づいたか？さまざまな科学の現在をNHK解説委員である著者がとことん解説。ニュースの科学を知ることでそのニュースの本質を理解し、科学の面白さに気づける一冊。

快眠は作れる
村井美月

きちんと眠ったはずなのに、すっきり起きられない、寝足りない――。その原因は体内時計の狂いにあります。本書では、その体内時計の狂いを正常化し、心身ともに快調になるための睡眠習慣を紹介します。